KB131288

영어회화: 더 비기닝

영어회화: 더 비기닝

지은이 엄대섭
펴낸이 임상진
펴낸곳 (주)넥서스

초판 1쇄 인쇄 2021년 1월 11일
초판 1쇄 발행 2021년 1월 15일

출판신고 1992년 4월 3일 제311-2002-2호
주소 10880 경기도 파주시 지목로 5
전화 (02)330-5500 팩스 (02)330-5555

ISBN 979-11-91209-53-2 13740

가격은 뒤표지에 있습니다.
잘못 만들어진 책은 구입처에서 바꾸어 드립니다.

www.nexusbook.com

하루 3분, 3문장 영어회화 시작하기

하루 3분으로
시작하는 영어회화의
가뿐한 첫걸음!

영어회화
입문 최적화

영어회화: 더 비기닝

엄대섭 지음

넥서스

시작하며

저는 20여 년간 많은 분들의 영어 실력을 다방면으로 향상시켜 드렸고 지금도 관련된 일에 종사하고 있습니다. 과거 10년 동안 고등학교 교사로 재직하면서 여러 학생들의 효율적인 영어 공부를 위해 고군분투한 경험이 있습니다. 그때는 무작정 열정이 넘치던 시기여서 그 과정에서 기쁨을 느끼기보다는 제 뜻대로 따라와 주지 않는 학생들의 모습을 볼 때마다 왠지 모를 상실감이 들기도 했습니다. 그 상실감을 메우고자 대학원에 들어가 좀 더 공부를 해보기도 했고, 수많은 자료들을 뒤져보았으며, 좋은 교수법에 대해 알려주는 곳이 있다면 지방은 물론 다른 나라까지 찾아가서 자료를 모으고 연구를 하였습니다. 그렇게 10여 년간 학생들과 영어를 이어주기 위해 수많은 시도를 하고 경험을 쌓았습니다.

그러고 나니 어느덧 욕심이 생겼습니다. 좀 더 많고 다양한 학생들을 만나 제가 알고 있는 것을 함께 이야기하고 싶다는 생각이 들었습니다. 그러면서 보다 효율적으로 많은 학생들을 만날 수 있는 방송과 웹이라는 매체를 통해 저의 지식을 전달하는 일에 조금씩 흥미를 느끼게 되었습니다. 자연스레 고등학생들보다는 일반 성인들을 만날 수 있는 기회가 더 많아지게 된 거죠.

그렇게 해서 자리를 옮긴 곳이 바로 YBM어학원이었습니다. 거기서 운이 좋게도 이른바 일타(일 등 스타) 강사가 되었고, 지금까지 매달 약 1,000명 이

상의 학생들을 현장에서 만나면서 학습자의 실력이 늘지 않는 원인, 영어 공부에 실패할 수밖에 없는 이유를 좀 더 정확하게 파악할 수 있었습니다. 그리고 대다수의 수강생들에게 효과가 있었던 영어 학습의 원칙 및 비법을 제 나름대로 정리하게 되었습니다.

영어 학습이 작심삼일이 될 뻔한 순간에 반전 드라마를 쓸 수 있는 그 비법을 책을 통해 보다 많은 분들과 공유하고 싶었습니다.

본격적으로 영어 공부를 시작하기 전에 대부분의 영어 공부가 작심삼일이 될 수밖에 없는 까닭과 이를 극복할 수 있는 심리적 대처 방법을 짚어보겠습니다.

① '못했음'에 초점을 두지 말고 '할 수 있는' 방법을 고민하자

우리는 '앞으로 할 것'에 집중하기보다 '지금까지 못한 것'에 대해 연연하는 경향이 있습니다. '아, 오늘은 정말 영어 공부 하려고 했는데….'라고 생각하기 시작하면 점점 더 우울해집니다. 이런 생각은 영어 공부를 작심삼일로 끝나게 하는 주요 원인입니다. 왜냐하면 '하지 못했음', 즉 '할 수 없었음'에 지나치게 신경을 쓰다 보면 결국은 '해도 소용 없다'는 생각에 이르게 마련이거든요.

'못했음'에는 이유가 있습니다. 애초에 무리한 계획이었을 수도 있고, 자신의 학습 동기가 잘 유지되지 않았을 수도 있습니다. 그 이유를 곰곰이 생각해 보고 '앞으로 어떻게 할 것인가'에 집중해야 합니다. '못했다'에서 생각을 멈출 것이 아니라 '그럼 어떻게 할 수 있을까?'로 생각을 확장해 주세요.

예를 들어, 집에 돌아와서 30분은 영어를 공부하려고 했었는데, 야근 또는 회식 때문에, 기타 약속이나 피치 못할 사정으로 공부할 시간이 없었다면 어떤 방법으로 시간을 낼 수 있는지 계속 고민하는 게 중요합니다. 출퇴근 또는 통학 시간에 버스나 지하철에서 짬짬이 공부를 한다거나 매일매일이 부담스럽다면 이틀에 한 번꼴로 공부를 한다거나, 그마저도 어렵다면 일

주일에 3시간 이상은 영어 공부를 하겠다는 목표를 세우는 것 등 각자에 맞게 공부할 시간을 낼 수 있는 방법을 찾아보세요.

❷ '빨리 성과를 내야 한다'라는 생각을 버리자

자신이 영어를 잘 못한다고 생각하는 학습자들의 공통점은 바로 '조급함'입니다. 이는 '포기'와 비슷한 감정입니다. 학습 성과가 바로 보인다면 동기를 유지하기는 쉽지만, 불행히도 학습 성과는 쉽게 드러나지 않습니다. 우리는 공부하면 하는 만큼 그 결과가 눈에 보일 거라고 생각하지만, 특히 영어는 노력과 성과가 순차적으로 완만하게 상승 곡선을 그리지 않습니다. 학습량이 어느 정도 쌓일 때까지 거의 제자리 수준이기 때문에 단시간에 큰 학습 효과를 바라면 안 되는 것입니다.

'영어회화를 즐길 수 있게 되는 날'을 목표로 공부를 하는 사람이 1개월 만에 영어를 불편 없이 말할 수 있게 되는 일은 거의 없습니다. 그러나 결코 성과가 나오지 않는 것은 아닙니다. '오늘은 이 문구를 사용해 보았다!'와 같이 작은 성과에 눈을 돌려봅시다. 처음에는 큰 성과를 기대하기보다는 '계속해 보자'라는 목표를 추천합니다. 지금까지는 하지 않았던 일을 3일 동안 계속 하는 것만으로도 대단한 것입니다. 그럼 우리는 이제 1주일만 계속 해봅시다.

❸ '왜 공부하는가'를 생각해 보자

새로운 것을 익히려고 시작할 때에는 학습 시간을 따로 확보해야 한다는 시간적인 부담뿐만 아니라 새로운 것을 기억해야 한다는 심리적 스트레스도 상당합니다. 스트레스가 너무 크면 당연히 어떤 일도 제대로 할 수 없지요. 기분 좋은 스트레스 수준을 유지하면서 공부를 계속하려면 강한 동기 부여가 필요합니다. 이 동기 부여가 강하면 강할수록 스트레스 내성은 올라가게 됩니다.

영어를 공부해야 하는 이유가 '영어로 이야기할 수 있었으면 좋겠다'와 같이 다소 막연한 것보다는 좀 더 구체적인 것이 좋습니다. 가장 강한 동기는 '필요하기 때문'이겠지요. 그렇다면 필요할 수밖에 없는 상황을 만드세요. 혼자 떠나는 해외여행 계획을 세운다든지, 해외 사이트에서 물건을 직접 구매해 본다든지, 또는 외국인 학생과 언어 교환을 하는 모임 등에 가입한다든지 등등 영어를 실제로 써야만 하는 상황을 의도적으로 만드는 것입니다. 그 외에 '영어로 진행되는 회의에서 자신 있게 발언해 보기', '영어회화 수업에서 자신의 의견을 유창하게 말해보기' 등 학습 동기가 뚜렷해지면 꾸준한 학습에 도움이 됩니다.

위와 같이 영어 작심삼일을 극복하고자 하는 학습자들을 위해 비슷한 어구와 문장을 고르고 골라 수십 번, 수백 번 퇴고하고 고민한 끝에 쉬우면서도 가장 많이 쓰이는 표현들을 모은 《영어회화: 더 비기닝》을 내놓게 되었습니다. 솔직히 하루 3분, 3문장 정도를 매일 익히면 완벽하게 영어를 구사하게 될 것이라는 말도 안 되는 허풍을 떨고 싶지는 않습니다. 하루 3분만 투자해도 좋고, 집중이 잘 될 땐 30분 동안 좀 더 많은 분량을 진지하게 학습하면서 보다 빠르게 진도를 나가도 좋습니다. 매일이 힘들다면 일주일에 3일 정도만 꾸준히 학습해도 괜찮습니다.

《영어회화: 더 비기닝》은 실제로 쓰이는 쉽고 재미있는 영어 표현을 통해 머릿속에서 정체된 영어, 입 안에서 우물거리기만 하던 영어를 자연스럽게 밖으로 끄집어 낼 수 있도록 기획되었습니다. 이제는 '하고 싶은 영어', '할 수 있는 영어' 위주로 즐겁고 효과적인 영어회화 공부를 시작해 볼까요?

저자 엄대섭

'영어회화의 시작'을 위한 첫 관문

본격적으로 《영어회화: 더 비기닝》을 시작하기에 앞서 영어회화에 필요한 기초 영어 상식을 짚고 넘어가려고 합니다. 암기해야 한다는 부담감을 버리고 편한 마음으로 한번 훑어보세요. 이미 다 아는 내용이라면 건너뛰고 본격적인 학습으로 영어회화를 시작합시다.

영어의 부속품이란?

언어의 가장 기본인 단어를 알아야 문장을 만들고 소통을 할 수 있죠. 그렇다면 현재 통용되는 영어 단어는 대략 몇 개쯤 될까요? 추측이 가능하신가요? 공식적으로 쓰이는 영어 단어는 약 50만 개입니다. 현존하는 언어 중에서 가장 단어 수가 많은 언어가 바로 '영어'입니다.

그럼, 이렇게나 많은 단어를 다 암기해야 대화가 가능한 걸까요? 전혀 그렇지 않습니다. 영어가 모국어인 사람들도 모르는 단어가 엄청 많습니다. 우리도 우리말에서 낯선 단어를 종종 마주하게 되는 것과 마찬가지입니다. 다만, 어떤 말을 하기 위해 기본적인 단어와 간단한 문장 구조를 파악해야 한다는 사실은 모든 언어를 배우는 데 있어 진리입니다.

그럼 우선 기본적인 단어를 어떻게 파악하고 분류하는지 알아봅시다. 쓰임새에 따라 각 단어를 분류한 것이 바로 '영어의 8품사'입니다. (관사, 지시사, 소유격 대명사 등을 따로 모은 '한정사'를 추가하여 '9품사'로 분류하기도 하나 정통 문법에 따라 '8품사'로 설명하고자 함)

영어의 8품사

❶ 명사 Nouns
❷ 동사 Verbs
❸ 형용사 Adjectives
❹ 부사 Adverbs
❺ 대명사 Pronouns
❻ 전치사 Prepositions
❼ 접속사 Conjunctions
❽ 감탄사 Interjections

1 명사 nouns

사람, 동물, 사물, 장소와 지명 등을 가리킵니다. 예를 들어,

- person 사람 - teacher, student, girl, Mr. Johnson
- animal 동물 - shark, fish, bear, cat
- place 장소, 지명 - school, gym, Africa, New York
- thing 사물 - pen, computer, tree, skateboard
- idea 개념 - love, fear, freedom

요것만은 꼭 기억합시다!

- 명사에는 '셀 수 있는 명사'와 '셀 수 없는 명사'가 있다.
- 셀 수 있는 명사에는 단수의 경우 a/an이 붙고, 복수일 땐 해당 단어 끝에 -s나 -es를 붙이거나 그 밖의 복수형 접미사를 붙인다.

  an apple 사과 한 개

  apple**s** 사과들

2 대명사 pronouns

명사를 대신 지칭하는 역할을 합니다. 사람을 나타내는 대표적인 인칭대명사는 다음과 같습니다.

• I	나	my	나의	me	나를[나에게]
• you	너[당신]	your	너의	you	너를[너에게]
• he	그	his	그의	him	그를[그에게]
• she	그녀	her	그녀의	her	그녀를[그녀에게]
• they	그들	their	그들의	them	그들을[그들에게]

이 밖에도 여러 종류의 대명사가 있습니다.

- this 이것　　that 저것　　these 이것들　　those 저것들
- all 전부　　everybody 모두　　some 일부
- myself 나 자신　　yourself 너 자신
- what 무엇　　which 어느　　who 누구

이런 것들이 있습니다. 그냥 '이런 것이 있구나' 정도로만 알아둡시다.

대명사를 쓰는 이유는 말을 하거나 글을 쓸 때 같은 명사를 여러 번 반복하지 않아도 되기 때문입니다. 대명사가 없으면 동일한 명사를 다음과 같이 계속 반복할 수밖에 없습니다.

John lives with **John's** parents and **John** rides **John's** bicycle every day.

존은 존의 부모님과 함께 살고 있고 존은 존의 자전거를 매일 타고 있습니다.

좀 불편합니다. 그럼, John을 대명사로 바꿔볼까요?

John lives with **his** parents and **he** rides **his** bicycle every day.

존은 그의 부모님과 함께 살고 있고 그는 그의 자전거를 매일 탑니다.

훨씬 깔끔하고 명확하게 의미가 전달되는 것을 느끼실 수 있죠?

❸ 동사 verbs

동사는 행동과 상태를 나타내기 위한 단어입니다. 동사가 정말 유용한 이유는 다음과 같이 동사 한 단어만으로도 의사를 전달하는 문장을 만들 수 있기 때문입니다.

Go! 가! Stop! 멈춰! Eat! 먹어!

동사 외에는 단어만으로 문장이 되는 경우는 없습니다. (뒤에 설명할 감정을 나타내는 감탄사는 제외)

요것만은 꼭 기억합시다!

동사에는 행동을 가리키는 '동작 동사'와 상태와 존재를 나타내는 '상태 동사'가 있다.

- **동작 동사**

  I **speak** English. 저는 영어를 말합니다.

  She **plays** the piano. 그녀는 피아노를 연주합니다.

- **상태 동사**

  I **am** a student. 저는 학생이에요.

  He **is** from Canada. 그는 캐나다 출신이에요.

동사에는 '시제'라는 것이 있는데, 각각 현재, 과거, 미래로 나뉩니다. 언제 일어난 일인지에 따라 단어의 모양이 달라집니다.

- **현재** - I **live** in Sinchon. 저는 신촌에 살고 있어요.
- **과거** - I **lived** in Sinchon 2 years ago. 저는 2년 전에 신촌에 살았어요.
- **미래** - I **will live** in Sinchon next year. 저는 내년에 신촌에 살 거예요.

❹ 형용사 adjectives

'형용사'는 명사를 꾸며주는 단어를 뜻합니다. 조금 더 덧붙이면 '명사'에 정보를 더해서 '명사'를 좀 더 자세하게 설명해 주는 말이라고 볼 수 있습니다.
예를 들어, woman 앞에 beautiful을 더해 a beautiful woman이라고 하면 '아름다운 여성'이 됩니다. 이 beautiful이 바로 '형용사'로, 명사인 woman(여성)을 꾸며줍니다.
이 밖에도 다음과 같이 형용사를 사용하여 명사를 꾸밀 수 있습니다.

- a **nice** weather 좋은 날씨
- a **tall** building 높은 빌딩
- a **big** country 큰 나라

형용사는 크게 2가지 형태로 쓰입니다. 직접 명사 앞에 붙어서 수식하는 형태와 be동사 뒤에서 주어인 (대)명사를 꾸며주는 형태가 있습니다.

- **형용사 beautiful이 명사 woman을 직접 꾸미는 형태**

  She is a **beautiful** woman.

- **be동사 뒤에서 주어인 she를 꾸미는 형태**

  She is **beautiful**.

❺ 부사 adverbs

형용사는 명사를 꾸며주는 반면, 부사는 주로 동사를 꾸며줍니다.
run이라는 동사를 사용해 간단한 문장을 만들어보겠습니다.

He runs. 그는 달린다.

여기에 fast라는 부사를 추가해 봅시다.

He runs **fast**. 그는 빨리 달린다.

바로 이때의 fast가 동사 run을 꾸며주는 부사입니다.
하나 더 살펴봅시다.

He speaks **slowly**. 그는 천천히 말한다.

사실 부사는 동사뿐만 아니라 형용사와 부사를 꾸밀 수도 있습니다. 하지만 여기서는 동사를 꾸밀 수 있는 단어가 부사라는 것을 꼭 기억하고 넘어갑시다.

6 전치사 prepositions

전치사는 영어 문장에서 어떤 정보를 붙였다 떼었다 할 수 있는 '접착제'로 보면 이해하기가 아주 쉽습니다. 문장에서 장소, 방향, 시간, 관계 등에 관한 정보를 보다 정확하게 전달해 줍니다.

예를 들어, 장소를 나타낼 때 다음과 같이 in과 at을 사용하여 정보를 전달합니다.

I live **in** Sinchon. 저는 신촌에 살고 있습니다.

We eat dinner **at** the table. 우리는 테이블에서 저녁을 먹습니다.

시간을 말할 때는 다음과 같이 사용하면 됩니다.

I went to bed **at** 11:00. 저는 11시에 자러 갔습니다.

He gets up at 7 a.m. **in** the morning. 그는 아침 7시에 일어납니다.

7 접속사 conjunctions

접속사는 문장과 문장 또는 단어와 단어를 서로 이어주는 역할을 합니다.

가장 대표적인 접속사는 and입니다.

David **and** Jennifer are brother and sister.

데이빗과 제니퍼는 남매입니다.

위에서는 and가 단어와 단어를 연결해 준 반면, 다음은 and가 문장과 문장을 이어줄 때입니다.

He likes dogs **and** she likes cats.

그는 강아지를 좋아하고, 그녀는 고양이를 좋아합니다.

그 밖의 접속사에는 but이나 or, so 등이 있습니다.

I love Korea **but** I do not like kimchi.

저는 한국을 좋아하지만 김치는 싫습니다.

8 감탄사 Interjections

흥분, 행복, 슬픔이나 분노 등의 감정을 나타내는 단어입니다. 일반적으로 감탄사는 문장의 처음에 옵니다.

다음과 같은 단어들이죠.

Oh!　　Ouch!　　Hey!　　Oh my god!　　Wow!

주로 위와 같은 단어로 감정을 표현하는데요, 특히 영화나 드라마에서 아주 많이 등장하는 표현입니다. 물론 위 표현 외에도 종류는 훨씬 더 많이 있습니다. 자세한 것은 《영어회화: 더 비기닝》을 통해 익혀봅시다.

영어회화의 시작, 지금입니다!

어떻습니까? 영어가 조금은 친근하게 느껴지시나요? 50만 개의 영어 단어에 큰 두려움을 느끼지 마세요. 낙숫물이 바위를 뚫듯 꾸준히 영어를 접하다 보면 어느 순간 갑자기 귀가 뚫리고 자신이 하고 싶은 말도 영어로 술술 나오는 놀라운 경험을 하게 될 것입니다.

영어회화: 더 비기닝 활용법

《영어회화: 더 비기닝》은 바쁜 일상 속에서 학습의 효과를 극대화하기 위해 기획되었습니다. 하루 3분이면 되는 부담 없는 분량으로 구성된 100개의 유닛을 통해 쉽게 재미있게 영어에 접근할 수 있도록 했습니다.

각 유닛은 3개의 스텝으로 구성되어 있습니다. 스텝별 학습 소요 시간은 1분 내외입니다.

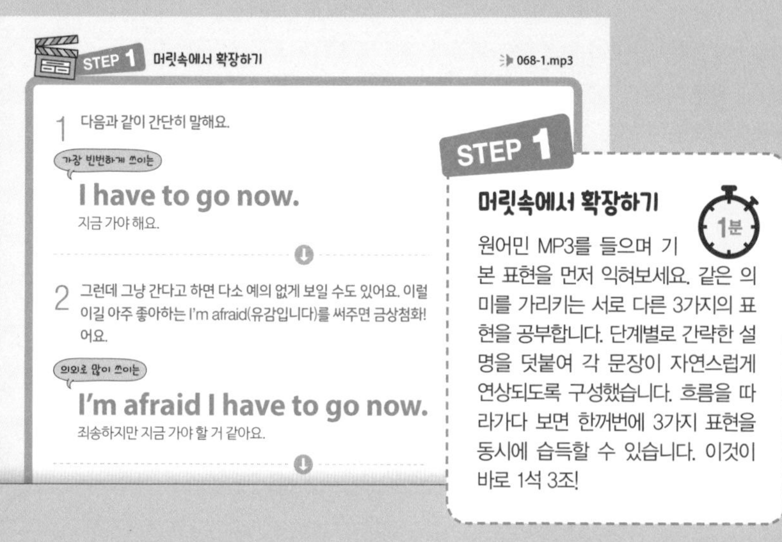

STEP 1 머릿속에서 확장하기
068-1.mp3
1 다음과 같이 간단히 말해요.
가장 빈번하게 쓰이는
I have to go now.
지금 가야 해요.
2 그런데 그냥 간다고 하면 다소 예의 없게 보일 수도 있어요. 이럴
이길 아주 좋아하는 I'm afraid(유감입니다)를 써주면 금상첨화!
어요.
의외로 많이 쓰이는
I'm afraid I have to go now.
죄송하지만 지금 가야 할 거 같아요.

STEP 1

머릿속에서 확장하기 (1분)

원어민 MP3를 들으며 기본 표현을 먼저 익혀보세요. 같은 의미를 가리키는 서로 다른 3가지의 표현을 공부합니다. 단계별로 간략한 설명을 덧붙여 각 문장이 자연스럽게 연상되도록 구성했습니다. 흐름을 따라가다 보면 한꺼번에 3가지 표현을 동시에 습득할 수 있습니다. 이것이 바로 1석 3조!

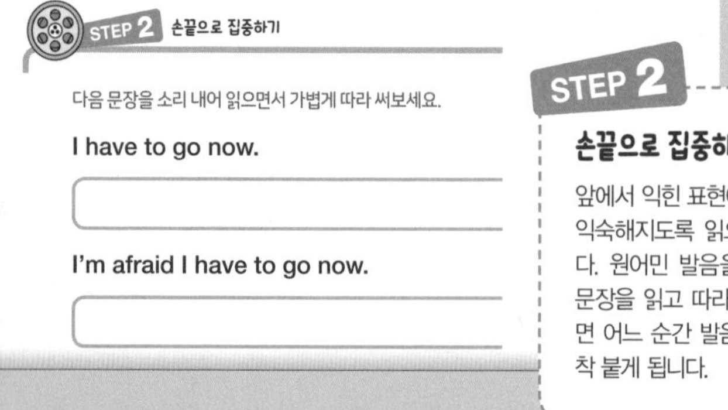

STEP 2 손끝으로 집중하기
다음 문장을 소리 내어 읽으면서 가볍게 따라 써보세요.
I have to go now.
I'm afraid I have to go now.

STEP 2

손끝으로 집중하기 (1분)

앞에서 익힌 표현이 익숙해지도록 읽으면서 따라 써봅니다. 원어민 발음을 떠올리며 제시된 문장을 읽고 따라 써보세요. 쓰다 보면 어느 순간 발음과 표현이 입에 착착 붙게 됩니다.

입에서 터트리기

068-2.mp3

앞에서 학습한 표현에 집중하면서 다음 대화를 듣고 실제 상황처

A: It's stopped raining. I have to go now
비가 멈췄네요. 지금 가야겠어요.

B: Wanna come with me? I need some fr
저랑 같이 가실래요? 바람 좀 쐬고 싶어요.

A: Oh, no. It's raining again.
아, 안 돼. 비가 다시 오네요.

B: Really? It changes a lot.
정말요? 정말 오락가락하네요.

STEP 3

입에서 터트리기

1분

마지막으로 앞에서 학습한 표현이 들어간 짧은 대화를 연습해 봅시다. MP3를 들으면서 제시된 대화를 실제 상황처럼 따라 말해 보세요. 대화 상황과 연계시켜 연습하다 보면 실제로 쓰이는 각 표현별 뉘앙스를 쉽고 자연스럽게 익힐 수 있습니다.

STAGE 7

Stage Review

앞에서 학습한 표현을 잘 떠올리면서 빈칸에 들어갈 말을 생각해 보세요.

1. 나도 같은 말을 하려고 했어요.
I was ______ to say the same thin

2. 커피 한잔하실래요?
Would you ______ for a cup of coff

3. 지하철역까지 (같이 걸어서) 바래다 줄게요.
I'll ______ you to the subway.

REVIEW

Stage Review

각 Stage에서 학습한 표현들이 다 기억나시나요? 빈칸에 들어갈 알맞은 말을 생각해 보면서 중요 표현을 복습한다면 완전하게 자신의 것으로 만들 수 있지 않을까요?

★ 부가 제공 자료 ★

QR코드를 통해 제공되는 MP3와 녹음 강의는 물론, 모바일 단어장 및 VOCA TEST 등을 이용하면 학습 효과가 UP! 추가로 어휘 리스트 & 테스트는 넥서스 홈페이지(www.nexusbook.com)에서 내려받을 수 있습니다.

원어민 MP3 | 모바일 단어장 & VOCA TEST | 온라인 받아쓰기 | 저자 직강 녹음 강의 | 어휘 리스트 & 테스트

영어회화: 더 비기닝 학습 진도표

이 책을 효율적으로 학습할 수 있게 구성한 참고용 학습 진도표입니다.
각자의 상황과 목표에 맞는 계획을 세워서 시작해 보시기 바랍니다.

• 학습 진도표 예시 •

하루 3분 100일 완성 – 하루에 1개 유닛 학습

하루 6분 50일 완성 – 하루에 2개 유닛 학습

하루 15분 20일 완성 – 하루에 5개 유닛 학습

하루 30분 10일 완성 – 하루에 10개 유닛 학습

학습일	월 일	월 일	월 일	월 일	월 일	월 일	월 일
학습량	001	002	003	004	005	006	007
학습일	월 일	월 일	월 일	월 일	월 일	월 일	월 일
학습량	008	009	010	011	012	013	014
학습일	월 일	월 일	월 일	월 일	월 일	월 일	월 일
학습량	015	016	017	018	019	020	021
학습일	월 일	월 일	월 일	월 일	월 일	월 일	월 일
학습량	022	023	024	025	026	027	028
학습일	월 일	월 일	월 일	월 일	월 일	월 일	월 일
학습량	029	030	031	032	033	034	035
학습일	월 일	월 일	월 일	월 일	월 일	월 일	월 일
학습량	036	037	038	039	040	041	042
학습일	월 일	월 일	월 일	월 일	월 일	월 일	월 일
학습량	043	044	045	046	047	048	049
학습일	월 일	월 일	월 일	월 일	월 일	월 일	월 일
학습량	050	051	052	053	054	055	056
학습일	월 일	월 일	월 일	월 일	월 일	월 일	월 일
학습량	057	058	059	060	061	062	063
학습일	월 일	월 일	월 일	월 일	월 일	월 일	월 일
학습량	064	065	066	067	068	069	070
학습일	월 일	월 일	월 일	월 일	월 일	월 일	월 일
학습량	071	072	073	074	075	076	077
학습일	월 일	월 일	월 일	월 일	월 일	월 일	월 일
학습량	078	079	080	081	082	083	084
학습일	월 일	월 일	월 일	월 일	월 일	월 일	월 일
학습량	085	086	087	088	089	090	091
학습일	월 일	월 일	월 일	월 일	월 일	월 일	월 일
학습량	092	093	094	095	096	097	098
학습일	월 일	월 일					
학습량	099	100					

CONTENTS

STAGE 1
자기소개
001-005

001

What is your name?

이름이 뭐예요?

때와 장소, 언어를 불문하고 자기소개의 첫 순서는 이름이죠. 우리가 다 알고 있는 'What's your name?' 외에도 이름이 무엇인지 묻고 싶을 때 최대한 친근하고 공손하게 얘기하는 쉬운 표현이 더 있답니다.

STEP 1 머릿속에서 확장하기

001-1.mp3

1 우선 우리가 알고 있는 바로 이 표현으로 가볍게 말문을 열어보아요. what is를 줄여서 what's라고 말해도 돼요.

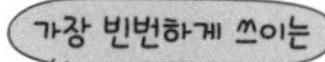

What is your name?
이름이 뭐예요?

2 너무 쉬운가요? 그럼 조동사 may(~해도 되다)를 붙여 조금 더 정중하게 표현해볼까요?

의외로 많이 쓰이는

May I have your name?
성함이 어떻게 되시나요?

3 '이름'은 무조건 name이라고 해야 할 것 같지만 굳이 이 단어를 안 쓰고도 이름을 물을 수 있어요. call(부르다)이라는 동사를 써서 이렇게요.

이것까지 알면 자신감 UP!

How can I call you?
어떻게 부르면 될까요?

STEP 2 손끝으로 집중하기

다음 문장을 소리 내어 읽으면서 가볍게 따라 써보세요.

What is your name?

May I have your name?

How can I call you?

STEP 3 입에서 터트리기

001-2.mp3

앞에서 학습한 표현에 집중하면서 다음 대화를 듣고 실제 상황처럼 말해보세요.

A: Nice to meet you. I'm Jessica. **What's your name?**
만나서 반가워요. 저는 제시카예요. 이름이 뭐예요?

B: My name is Cheol-gu.
저는 철구예요.

A: Are you Korean?
한국인이세요?

B: Yes. I'm from Seoul, Korea.
네. 저는 한국 서울에서 왔어요.

002

My name is Drew.

제 이름은 드루입니다.

처음부터 너무 욕심부리기보다는 정확하고 간단하게 이야기하는 것이 중요해요. 대부분의 일상 대화나 만남에서는 상대방의 이름을 묻기 전에 자기 이름을 먼저 밝히는 게 예의랍니다.

STEP 1 머릿속에서 확장하기

002-1.mp3

1 우리가 알고 있는 표현으로 대화를 편하게 이어가 봅시다.

가장 빈번하게 쓰이는

My name is Drew.

제 이름은 드루입니다.

2 더 쉽고 편하게 이름을 얘기할 수도 있어요. 교과서적인 표현인 'My name is ~'에만 얽매이지 말자고요. 'I am[I'm] ~'은 이름을 얘기할 때 구어체에서 많이 쓰는 표현이에요.

의외로 많이 쓰이는

I am Drew.

저는 드루입니다.

3 전화 통화에서 이름을 얘기할 때는 조금 달라요. 전화를 건 사람이 자신이 누군지 밝힐 때는 'This is ~'라고 한답니다. 정말 쉬운 표현 같지만 잘 놓치는 부분이니까 꼭 기억해 두세요.

이것까지 알면 자신감 UP!

This is Drew.

(전화에서) 저는 드루라고 합니다.

손끝으로 집중하기

괄호 안에 실제 자기 이름을 넣어 읽으면서 가볍게 따라 써보세요.

My name is (Drew).

I am (Drew).

This is (Drew).

입에서 터트리기

002-2.mp3

앞에서 학습한 표현에 집중하면서 다음 대화를 듣고 실제 상황처럼 말해보세요.

A: I am Drew.
전 드루예요.

B: I am Yoko.
전 요코예요.

A: Heard a lot about you.
말씀 많이 들었어요.

B: I wanted to see you.
저도 뵙고 싶었어요.

003

Where do you live?

어디 사세요?

상대방이 어디 사는지는 사실 크게 신경 쓰지 않으면서도 막상 처음 만나면 으레 어디 사냐는 질문을 하게 되죠.

STEP 1 머릿속에서 확장하기 003-1.mp3

1 통성명을 한 뒤엔 무난한 질문으로 대화를 이어가 보아요.

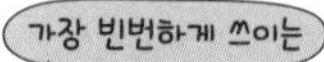

Where do you live?

어디 사세요?

2 상대방이 장기적인 거주의 목적이 아닌 단기간의 유학이나 관광, 파견 등으로 일시적으로 머물러 있다면 일반적으로 진행형(be동사+동사의 ing형)으로 물어봅니다.

의외로 많이 쓰이는

Where are you living now?

지금 어디에 살고 계시나요?

3 그런데 단순한 인사치레가 아니라 상대방에게 무엇인가를 보내야 하거나 조사를 해야 하는 상황이라면 좀 더 딱딱하게 격식을 차려서 다음과 같이 이야기하죠.

이것까지 알면 자신감 UP!

What's your address?

주소가 어떻게 되시죠?

손끝으로 집중하기

다음 문장을 소리 내어 읽으면서 가볍게 따라 써보세요.

Where do you live?

Where are you living now?

What's your address?

입에서 터트리기

003-2.mp3

앞에서 학습한 표현에 집중하면서 다음 대화를 듣고 실제 상황처럼 말해보세요.

A: **Where do you live?**
어디 사세요?

B: **I live in Pasadena.**
저는 패서디나에 살아요.

A: **Where is Pasadena?**
패서디나가 어딘가요?

B: **It's in California.**
캘리포니아주에 있어요.

004

What do you do?

무슨 일을 하시나요?

사는 곳을 묻는 것과 마찬가지로 직업을 묻는 것도 가벼운 일상 질문이라고 보면 돼요.

STEP 1 머릿속에서 확장하기

004-1.mp3

1 상대방이 학생이 아니라면 일단 하는 일을 묻는 것으로 다음 대화가 진행되죠.

가장 빈번하게 쓰이는

What do you do?

무슨 일을 하시나요?

2 너무 짧은 표현은 가끔 오해를 불러일으키기도 해요. 예를 들어 'What do you do in the morning?'은 '아침에는 뭐 하세요?'라는 의미가 되거든요. 좀 더 명확하게 상대방의 직업을 묻고 싶을 땐 다음 표현도 알아두세요.

의외로 많이 쓰이는

What type of work do you do?

어떤 분야[종류]의 일을 하시나요?

3 격식을 차려야 하는 자리에서는 다음과 같이 정중하게 표현하기도 해요.

이것까지 알면 자신감 UP!

What line of business are you in?

어떤 일을 하고 계십니까?

STEP 2 손끝으로 집중하기

다음 문장을 소리 내어 읽으면서 가볍게 따라 써보세요.

What do you do?

What type of work do you do?

What line of business are you in?

STEP 3 입에서 터트리기

004-2.mp3

앞에서 학습한 표현에 집중하면서 다음 대화를 듣고 실제 상황처럼 말해보세요.

A: **What do you do?**
무슨 일을 하세요?

B: I teach at Seoul College.
서울 대학에서 가르치는 일을 해요.

A: What do you teach?
무엇을 가르치세요?

B: I teach Korean.
한국어를 가르쳐요.

005

I'm a teacher.

저는 교사입니다.

사전에서 '직업'을 뜻하는 영단어를 찾아보면 profession이나 occupation과 같은 어려운 단어들이 나오는데요. 더 쉽고 간단하게 얘기하는 방법을 알려드릴게요.

STEP 1 머릿속에서 확장하기

005-1.mp3

1 기본 패턴은 이름을 말할 때와 같이 'I am ~ (나는 ~이다)'을 사용하는 거예요. 일반적으로 직업명 앞에 부정관사 a나 an을 쓰다는 것을 잊지 마세요.

가장 빈번하게 쓰이는

I'm a teacher.

저는 교사예요.

2 종사하는 직종의 분야를 말하는 경우도 종종 있어요. 이 경우에는 전치사 in(~ 안에, ~분야에)을 써요.

의외로 많이 쓰이는

I'm in education.

저는 교육 분야에 종사하고 있어요.

3 좀 더 세련된 표현으로 격식을 차리고 싶다면 중간에 as(~로서)를 이용해 이렇게 말해 보세요.

이것까지 알면 자신감 UP!

I work as an English teacher.

저는 영어 교사로 일하고 있어요.

STEP 2 손끝으로 집중하기

다음 문장을 소리 내어 읽으면서 가볍게 따라 써보세요.

I'm a teacher.

I'm in education.

I work as an English teacher.

STEP 3 입에서 터트리기

005-2.mp3

앞에서 학습한 표현에 집중하면서 다음 대화를 듣고 실제 상황처럼 말해보세요.

A: Just one more question. What do you do?
한 가지 더 질문할게요. 무슨 일을 하세요?

B: **I work as an English teacher** for UDS School.
UDS 학교에 영어 교사로 일해요.

A: Really? It is my dream job.
정말요? 제 꿈이 교사가 되는 거예요.

B: Oh, I see.
아, 그렇군요.

STAGE 1

Stage Review

앞에서 학습한 표현을 떠올리면서 빈칸에 들어갈 말을 생각해 보세요.

1. 성함이 어떻게 되시나요?
   _____ I have your name?

2. 어떻게 부르면 될까요?
   How can I _____ you?

3. 제 이름은 드루입니다.
   My _____ is Drew.

4. (전화에서) 저는 드루라고 합니다.
   _____ is Drew.

5. 어디 사세요?
   Where do you _____?

6. 주소가 어떻게 되시죠?
   What's your _____?

7. 무슨 일을 하시나요?
   _____ do you do?

8. 어떤 일을 하고 계십니까?
   What line of _____ are you in?

9. 저는 교육 분야에 종사하고 있어요.
   I'm _____ education.

10. 저는 영어 교사로 일하고 있어요.
    I _____ as an English teacher.

정답 | 1. may 2. call 3. name 4. This 5. live
6. address 7. What 8. business 9. in 10. work

STAGE 2

감정·의견 표현

006-015

006

It's a beautiful day.

날씨가 좋네요.

이제는 자신의 감정이나 의견을 표현해 볼까요? 날씨는 일상 대화에서 가장 부담 없이 꺼낼 수 있는 화제 중 하나죠.

STEP 1 머릿속에서 확장하기

006-1.mp3

1 자, 그럼 화창한 날에 하늘을 바라보며 한마디 해볼까요? 여기서 it은 날씨를 나타낼 때 쓰는 주어로서 '그것'으로 해석하지 않아요.

가장 빈번하게 쓰이는

It's a beautiful day.

날씨가 좋네요. (아름다운 날이네요.)

2 질문의 형태로 말하기도 하는데요. 이건 정말 궁금해서 묻는 것이 아니라, 정말로 날씨가 좋다는 것을 강조하기 위한 것이랍니다.

의외로 많이 쓰이는

Isn't it a wonderful day?

날씨가 정말 좋지 않나요?

3 형용사(nice) 앞에 such (a/an)을 붙이면 그냥 좋은 게 아니라 '정말'로 좋다고 강조하는 표현이 됩니다.

이것까지 알면 자신감 UP!

It's such a nice day!

날씨 정말 좋다!

다음 문장을 소리 내어 읽으면서 가볍게 따라 써보세요.

It's a beautiful day.

Isn't it a wonderful day?

It's such a nice day!

006-2.mp3

앞에서 학습한 표현에 집중하면서 다음 대화를 듣고 실제 상황처럼 말해보세요.

A: Good morning, Sanchez.
안녕하세요, 산체스 씨.

B: Good morning, Angela. Nice day today.
안녕하세요, 안젤라 씨, 오늘 날씨가 좋네요.

A: Yes, **it's a beautiful day.**
네. 아름다운 날이네요.

B: You're beautiful, too.
당신도 아름다워요.

007

What's the weather?

날씨는 어때요?

약간 안면이 있는 사이에서 가장 부담 없는 화제는 날씨죠. 365일 언제나 궁금한 이야기니까요.

STEP 1 머릿속에서 확장하기

007-1.mp3

1 날씨를 물을 때 고민할 필요가 없어요. 날씨를 뜻하는 단어는 weather 딱 하나거든요. 여기서 what 대신에 how를 써서 'How's the weather?'라는 표현도 많이 써요.

가장 빈번하게 쓰이는

What's the weather?

날씨는 어때요?

2 상대방이 다른 지역에서 왔다면 그곳의 날씨는 어떤지를 구체적으로 물어볼까요? 여기서 like는 동사 '좋아하다'가 아닌 전치사 '~와 같은'의 의미로 쓰인 것이니 직역을 하면 '그곳의 날씨는 무엇과 같아?'가 되겠지요?

의외로 많이 쓰이는

What's the weather like there?

거기 날씨는 어때요?

3 weather를 쓰지 않고도 다음과 같이 날씨를 물어볼 수도 있어요.

이것까지 알면 자신감 UP!

What's it like outside over there?

거기 밖의 날씨는 어때요?

STEP 2 손끝으로 집중하기

다음 문장을 소리 내어 읽으면서 가볍게 따라 써보세요.

What's the weather?

What's the weather like there?

What's it like outside over there?

STEP 3 입에서 터트리기

007-2.mp3

앞에서 학습한 표현에 집중하면서 다음 대화를 듣고 실제 상황처럼 말해보세요.

A: **What's the weather like there?**
거기 날씨 어때요?

B: Oh, it's sunny here. What's the weather like in Jeju?
오, 여긴 화창해요. 제주도 날씨는 어때요?

A: It rains a lot!
비가 많이 와요.

B: Really? That's interesting!
정말요? 신기하네요.

008

How did you come here?

여기 어떻게 오셨어요?

'여기 어떻게 오셨어요?'라는 말에는 두 가지 의미가 있어요. 어떤 '교통수단'을 이용해서 왔는지와 어떤 '볼일' 때문에 왔는지가 궁금할 때 모두 이렇게 물을 수 있어요.

STEP 1 머릿속에서 확장하기

008-1.mp3

1 '어떤 방법으로 왔는지'와 '무슨 목적으로 왔는지'는 둘 다 다음 문장으로 물어볼 수 있어요.

가장 빈번하게 쓰이는

How did you come here?

여기 어떻게 오셨어요?

2 '여기에 어떤 볼일로 오셨습니까?'라는 질문은 이렇게도 말할 수 있어요.

의외로 많이 쓰이는

What brings you here?

무슨 일로 오셨어요?

3 '제가 좀 도와드릴까요?'라는 의미를 담아 왜 왔는지 묻고 싶다면 다음 표현을 이용해보세요.

이것까지 알면 자신감 UP!

What can I do for you?

좀 도와드릴까요?

다음 문장을 소리 내어 읽으면서 가볍게 따라 써보세요.

How did you come here?

What brings you here?

What can I do for you?

입에서 터트리기

008-2.mp3

앞에서 학습한 표현에 집중하면서 다음 대화를 듣고 실제 상황처럼 말해보세요.

A: Come in. What brings you here?
들어와요. 무슨 일로 오셨어요?

B: I don't feel well.
제가 몸이 좀 안 좋아서요.

A: You sound like you have a cold.
감기가 걸린 것 같네요.

B: I do.
맞아요.

009

I arrived on time.

저는 제시간에 도착했어요.

가까스로 시간에 맞춰 약속 장소에 헐레벌떡 뛰어 들어가면서 '나 안 늦었어!'라고 한마디 하거나 아니면 약속 시간에 늦은 상대방에게 자신은 제시간에 왔다는 걸 알리려면 어떻게 할까요?

STEP 1 머릿속에서 확장하기

009-1.mp3

1 시간에 딱 맞게 도착했다는 말은 on time 혹은 in time을 써서 표현할 수 있는데요. on time이 조금 더 정확하게 도착했다는 의미예요.

I arrived on time.

저는 제시간에 도착했어요.

2 '늦은'이라는 뜻의 late로도 같은 의미를 표현할 수 있어요. 더 쉬운 단어인데도 막상 실제 대화에서는 잘 생각이 안 나죠.

의외로 많이 쓰이는

I was not late.

저 늦지 않았어요.

3 dot(점)으로 시간을 표현하기도 해요. on the dot은 '정확하게, 정각에'라는 뜻으로 다소 생소할 수 있지만 현지에서는 정말 많이들 쓰는 표현이니까 한번 연습해볼까요?

이것까지 알면 자신감 UP!

I got here on the dot.

저 딱 맞춰 왔어요.

STEP 2 손끝으로 집중하기

다음 문장을 소리 내어 읽으면서 가볍게 따라 써보세요.

I arrived on time.

I was not late.

I got here on the dot.

STEP 3 입에서 터트리기

009-2.mp3

앞에서 학습한 표현에 집중하면서 다음 대화를 듣고 실제 상황처럼 말해보세요.

A: Weren't you late for the meeting?
회의에 늦지 않았어요?

B: No. I arrived on time.
아니요. 저는 제시간에 왔어요.

A: How?
어떻게요?

B: I took the taxi.
택시 타고 왔어요.

010

Do you like to travel?

여행 좋아하세요?

여행. 요즘 젊은이들의 '키워드'라고 할 수 있죠. 아니, 세대를 뛰어넘는 가장 뜨거운 단어가 아닐까요? 자연스럽게 여행을 소재로 이야기를 꺼내는 것도 좋아요.

머릿속에서 확장하기

010-1.mp3

1 대부분 Do you like까진 입에서 쉽게 나오는 거 같아요. 근데 그 뒤에 조금만 더 덧붙이게 되면 많이들 머뭇거리거나 틀린 표현을 쓰더라고요.

Do you like to travel?

여행 좋아하세요?

2 「to+동사원형」으로 연결하는 방법 말고 한 가지 방법이 더 있어요. 다음과 같이 동명사(동사+ing)로 연결하는 방법도 있어요.

의외로 많이 쓰이는

Do you like traveling?

여행 좋아하세요?

3 길게 대화를 이어가고 싶다면 상대방의 생각을 구체적으로 묻는 것도 괜찮은 방법이죠.

이것까지 알면 자신감 UP!

What do you think about traveling?

여행 가는 거 어떻게 생각해요?

손끝으로 집중하기

다음 문장을 소리 내어 읽으면서 가볍게 따라 써보세요.

Do you like to travel?

Do you like traveling?

What do you think about traveling?

입에서 터트리기

010-2.mp3

앞에서 학습한 표현에 집중하면서 다음 대화를 듣고 실제 상황처럼 말해보세요.

A: I love to travel. Do you like to travel?
저 여행 가는 거 너무 좋아해요. 여행 좋아하세요?

B: Sure. I also love to travel abroad.
그럼요. 저도 해외여행 가는 거 너무 좋아해요.

A: Oh, really? How often do you travel abroad?
아, 정말요? 해외여행 얼마나 자주 가세요?

B: Well, at least once a year.
글쎄요. 일 년에 최소 한 번 정도요.

011

What do you think?

어떻게 생각하세요?

상대방의 생각을 묻고 싶을 때 쓸 수 있는, 간단하지만 자주 사용되는 표현을 알려드릴게요.

머릿속에서 확장하기

011-1.mp3

1 상대방의 생각을 물으면서 자신도 어느 정도 다음 이야기를 준비할 수 있는 좋은 표현이죠. 이때 'How do you think?'로 쓰지 않도록 주의하세요.

What do you think?

어떻게 생각하세요?

2 어떤 느낌인지를 좀 더 강조하고 싶을 땐 think보다는 feel이 더 적절해요.

의외로 많이 쓰이는

How do you feel?

어떠세요?

3 뉘앙스가 좀 다르지만, 여러분이 어떤 아이디어나 계획을 제안했을 때 다른 사람이 어떻게 생각하는지 알고 싶다면 이렇게 물어보세요.

이것까지 알면 자신감 UP!

How does that sound?

어떤 거 같아요?

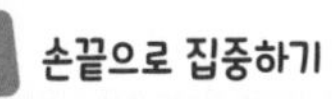

STEP 2 손끝으로 집중하기

다음 문장을 소리 내어 읽으면서 가볍게 따라 써보세요.

What do you think?

How do you feel?

How does that sound?

STEP 3 입에서 터트리기

011-2.mp3

앞에서 학습한 표현에 집중하면서 다음 대화를 듣고 실제 상황처럼 말해보세요.

A: **What do you think?**
어떻게 생각하세요?

B: Oh, I love it.
오, 너무 마음에 들어요.

A: Buy it, then.
그럼 사세요.

B: I wish I could.
그럴 수 있으면 좋겠네요.

012

Do you have any pets?

애완동물이 있나요?

요즘 우리에게도 그렇지만 영어권 사람들에게는 특히 가족만큼 가까운 애완동물에 대한 이야기도 가볍고 좋은 주제가 될 수 있어요.

머릿속에서 확장하기

012-1.mp3

1 애완동물을 기르고 있는지는 이렇게 물어보면 돼요. have 대신에 own이나 keep을 써도 괜찮아요.

가장 빈번하게 쓰이는

Do you have any pets?

애완동물이 있나요?

2 일반적으로 raise를 '기르다'로 알고 있지만 애완용이 아닌 도축이나 번식을 위해 사육할 때 주로 쓰이니 주의가 필요합니다.

의외로 많이 쓰이는

Do you raise chickens or pigs?

당신은 닭이나 돼지를 기르나요?

3 마지막에 at home까지 붙여주면 보다 정확한 표현으로 마무리를 할 수 있답니다.

이것까지 알면 자신감 UP!

Do you have a pet at home?

집에 애완동물 (한 마리) 있나요?

STEP 2 손끝으로 집중하기

다음 문장을 소리 내어 읽으면서 가볍게 따라 써보세요.

Do you have any pets?

Do you raise chickens or pigs?

Do you have a pet at home?

STEP 3 입에서 터트리기

012-2.mp3

앞에서 학습한 표현에 집중하면서 다음 대화를 듣고 실제 상황처럼 말해보세요.

A: **Do you have a pet at home?**
집에 애완동물 있나요?

B: Yes.
네.

A: What kind?
어떤 종류예요?

B: A dog. Very cute.
개를 길러요. 아주 귀엽죠.

013

The air is bad today.

오늘 공기가 정말 나빠요.

정말 심각한 공기오염. 숨 한 번 쉬기도 겁나요. 공기가 안 좋다는 말은 어떻게 할까요?

머릿속에서 확장하기

013-1.mp3

1 우선 아주 쉬운 두 단어 air와 bad를 사용해서 표현해보죠.

The air is bad today.

오늘 공기가 나빠요.

2 뉴스나 공식적인 자리에서는 보다 정확한 단어인 pollute(오염시키다)를 많이 써요.

의외로 많이 쓰이는

The air is so polluted.

공기가 너무 오염되었어요.

3 air pollution(공기오염)이라는 표현을 알아두세요. 이 표현 앞뒤에 살을 붙이면 됩니다.

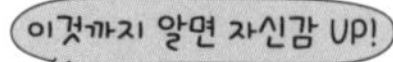

Today's air pollution is so bad.

오늘 공기오염이 심각하네요.

STEP 2 손끝으로 집중하기

다음 문장을 소리 내어 읽으면서 가볍게 따라 써보세요.

The air is bad today.

The air is so polluted.

Today's air pollution is so bad.

STEP 3 입에서 터트리기

013-2.mp3

앞에서 학습한 표현에 집중하면서 다음 대화를 듣고 실제 상황처럼 말해보세요.

A: **The air is so polluted.**
공기가 너무 안 좋아요.

B: Right. I can't breathe.
맞아요. 숨을 쉴 수가 없어요.

A: You must wear a mask. Do you want one?
마스크를 쓰셔야 해요. 하나 드릴까요?

B: Isn't it expensive?
그거 비싼 거 아니에요?

014

How do you keep in shape?

몸을 어떻게 관리하세요?

몇 달간 못 보던 사람을 오랜만에 봤는데 몸이 너~무 좋아졌어요. 운동을 하는지, 따로 트레이닝을 받는지, 운동은 식단이 중요하다던데…. 이것저것 궁금해서 물어봅니다.

STEP 1 머릿속에서 확장하기

014-1.mp3

1 꼭 궁금하지 않더라도 상대방을 칭찬하는 의미로도 사용할 수 있는 문장이죠.

가장 빈번하게 쓰이는

How do you keep in shape?

몸을 어떻게 관리하세요?

2 몸 관리를 위해 '무엇'을 하는지 좀 더 구체적으로 물어보면 어떨까요?

의외로 많이 쓰이는

What do you do to keep in shape?

건강 관리를 위해 무엇을 하세요?

3 몸 관리의 대표적인 방법인 운동을 얼마나 자주 하는지도 한번 물어봅니다. 여기서 work out은 '밖에서 일하다'가 아닌 '운동하다'의 뜻입니다.

이것까지 알면 자신감 UP!

How often do you work out?

얼마나 자주 운동하세요?

STEP 2 손끝으로 집중하기

다음 문장을 소리 내어 읽으면서 가볍게 따라 써보세요.

How do you keep in shape?

What do you do to keep in shape?

How often do you work out?

STEP 3 입에서 터트리기

014-2.mp3

앞에서 학습한 표현에 집중하면서 다음 대화를 듣고 실제 상황처럼 말해보세요.

A: What do you do to keep in shape?
몸은 어떻게 관리하세요?

B: Walking and running.
걷기와 달리기를 해요.

A: Great. The best thing for your health!
좋네요. 그게 건강에 최고죠!

B: Right.
맞아요.

015

I was happy to be with you.

만나서 정말 좋았어요.

만남을 끝낸 후 그냥 쌩하니 헤어지는 것보다는 마무리 인사를 대신할 한마디 정도는 건네는 게 좋겠죠? 이왕이면 상대방의 기분을 좋게 해주는 말로요.

머릿속에서 확장하기

015-1.mp3

1 '같이 만나서 좋았다.' 정도로만 얘기하고 싶을 때는 이렇게 말해요.

가장 빈번하게 쓰이는

I was happy to be with you.

만나서 정말 좋았어요.

2 모임의 성격이 공식적일 때는 '유익한'이라는 뜻의 helpful을 써서 표현해요.

의외로 많이 쓰이는

Today's meeting was helpful.

오늘 미팅은 유익했어요.

3 교육적인 모임이었다면 '배울 게 많아 유익한'의 의미로 informative를 쓰기도 해요.

이것까지 알면 자신감 UP!

The meeting was very informative.

미팅에서 배울 게 많았네요.

손끝으로 집중하기

다음 문장을 소리 내어 읽으면서 가볍게 따라 써보세요.

I was happy to be with you.

Today's meeting was helpful.

The meeting was very informative.

입에서 터트리기

015-2.mp3

앞에서 학습한 표현에 집중하면서 다음 대화를 듣고 실제 상황처럼 말해보세요.

A: How was the meeting today?
오늘 미팅 어땠어요?

B: **The meeting was very informative.**
미팅에서 배울 게 많았어요.

A: I knew it.
그럴 줄 알았어요.

B: I wish you could have come.
당신도 오셨으면 좋았을 거예요.

Stage Review

앞에서 학습한 표현을 떠올리면서 빈칸에 들어갈 말을 생각해 보세요.

1. 날씨 정말 좋다!
   It's ________ a nice day!

2. 거기 날씨는 어때요?
   What's the ________ like there?

3. 무슨 일로 오셨어요?
   What ________ you here?

4. 저는 제시간에 도착했어요.
   I arrived ________ time.

5. 여행 가는 거 어떻게 생각해요?
   What do you ________ about traveling?

6. 어떤 거 같아요?
   How does that ________?

7. 애완동물이 있나요?
   Do you have any ________?

8. 오늘 공기오염이 심각하네요.
   Today's air ________ is so bad.

9. 몸을 어떻게 관리하세요?
   How do you keep in ________?

10. 오늘 미팅은 유익했어요.
    Today's meeting was ________.

정답 | 1. such 2. weather 3. brings 4. on 5. think
6. sound 7. pets 8. pollution 9. shape 10. helpful

STAGE 3
작별 인사
016-020

Bye.

잘 가요.

'잘 가.'라는 말은 더도 말고 덜도 말고 딱 이 한 단어만 웃으면서 하세요. 인사는 타이밍이 더 중요해요.

머릿속에서 확장하기

016-1.mp3

1 우리가 다 아는 바로 그 한 단어로 'Bye.'라고 인사합니다. 'Good-bye.'도 있지만 이것은 앞으로 상대방을 오랫동안 못 만나거나, 아예 못 만날 때 쓰는 말이니 주의하세요.

Bye.

잘 가요.

2 편의점 이름이 아니에요. 작별 인사로 제격이에요. 이때 한 손을 들고 살짝 흔들어 주면 더욱 멋진 표현이 완성됩니다.

의외로 많이 쓰이는

See you.

또 봐요.

3 대화를 끝맺고 헤어질 때 다음과 같이 아주 간단한 세 단어를 한 단어처럼 빠르고 정확하게 얘기해보세요. 이 또한 그럴듯한 작별 인사가 됩니다.

이것까지 알면 자신감 UP!

OK. Bye, then.

자, 그럼, 잘 가요.

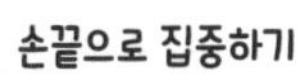

다음 문장을 소리 내어 읽으면서 가볍게 따라 써보세요.

Bye.

See you.

OK. Bye, then.

입에서 터트리기

016-2.mp3

앞에서 학습한 표현에 집중하면서 다음 대화를 듣고 실제 상황처럼 말해보세요.

A: I'm looking for a supermarket.
슈퍼마켓을 찾고 있어요.

B: Look, do you see that sign?
저기 있는 간판 보이세요?

B: Oh, I can see it. Thank you.
오, 보여요. 감사합니다.

A: You're welcome. **Bye, then.**
천만에요. 그럼, 잘 가요.

017

Thank you for your time.

시간 내주셔서 감사해요.

'Thank you.'는 다 아는데 이상하게 여기에 고마운 이유를 덧붙이는 게 힘들 때가 있죠. 그럴 땐 어떻게 해야 하는지 한번 알아봅시다.

STEP 1 머릿속에서 확장하기

017-1.mp3

1 간단하게 뒤에 for를 붙이면 '~ 대해' 고맙다는 의미가 돼요.

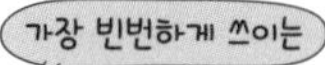

Thank you for your time.
시간 내주셔서 감사해요.

2 감사하는 표현을 하나만 더 배워볼까요? thank 대신 appreciate을 쓰면 보다 정중한 표현이 됩니다.

의외로 많이 쓰이는

We appreciate you taking the time.
시간 내주셔서 감사합니다.

3 이번엔 좀 더 어려운 고급 표현을 알려드릴게요. '시간을 내주다'는 spare one's time인데요. 여기다 '귀중한'을 의미하는 precious를 덧붙이면 됩니다.

이것까지 알면 자신감 UP!

Thank you very much for sparing your precious time.
귀중한 시간 내주셔서 진심으로 감사합니다.

STEP 2 손끝으로 집중하기

다음 문장을 소리 내어 읽으면서 가볍게 따라 써보세요.

Thank you for your time.

We appreciate you taking the time.

Thank you very much for sparing your precious time.

STEP 3 입에서 터트리기

017-2.mp3

앞에서 학습한 표현에 집중하면서 다음 대화를 듣고 실제 상황처럼 말해보세요.

A: Oh, I'm late. I should be going.
아, 나 늦었네. 가봐야겠어요.

B: So soon?
이렇게 일찍요?

A: **Thank you for your time.**
시간 내주셔서 감사해요.

B: It's always a pleasure seeing you.
당신을 만나는 건 언제나 즐거운걸요.

018

See you again.

다시 만나요.

우린 만났을 때의 인사를 주로 많이 배우는데요, 작별할 때 인사도 그에 못지 않게 중요하답니다. 헤어질 때의 말이 인상에 더 오래 남거든요.

STEP 1 머릿속에서 확장하기 018-1.mp3

1 많이들 아는 표현으로 일단 시작할까요?

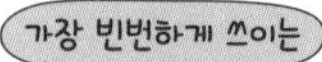

가장 빈번하게 쓰이는

See you again.

다시 만나요.

2 헤어질 때 'Bye.'라는 말만 하고 그다음 말을 잇지 못해 우물쭈물하다가 오히려 어색한 상황이 될 때도 있는데요. 'See you soon.'이라는 말 이외에도 '조만간 보자.'라는 다음과 같이 멋진 표현이 있으니 알아두세요.

의외로 많이 쓰이는

I'll be seeing you.

조만간 봐요.

3 '계속 연락하고 지내자.'라고 말할 때는 keep을 쓰는데 stay와 바꿔 쓸 수도 있어요. 이 때 서로 연락하는 관계를 의미하는 in touch라는 말을 꼭 붙여야 해요.

이것까지 알면 자신감 UP!

Let's keep in touch.

계속 연락하며 지내요.

STEP 2 손끝으로 집중하기

다음 문장을 소리 내어 읽으면서 가볍게 따라 써보세요.

See you again.

I'll be seeing you.

Let's keep in touch.

STEP 3 입에서 터트리기

018-2.mp3

앞에서 학습한 표현에 집중하면서 다음 대화를 듣고 실제 상황처럼 말해보세요.

A: I hate to see you go.
떠나보내게 되어 아쉬워요.

B: It seems like time passed very quickly.
시간이 정말 빠르게 지나간 것 같아요.

A: **Let's keep in touch.**
계속 연락하며 지내요.

B: Sure. Please give me your number.
그럼요. 전화번호 주세요.

019

I'll be waiting.

연락 기다릴게요.

상대방과 헤어지면서 다음 만남을 기약하는 말도 알아봅시다.

머릿속에서 확장하기

019-1.mp3

1 '기다리다'라는 말은 wait를 쓰면 돼요. 어렵지 않죠? 그런데 '연락'은 어떻게 표현하느냐고요? '연락'이란 말은 굳이 안 써도 되는 게 포인트예요.

I'll be waiting.

연락 기다릴게요.

2 상대방이 다시 연락을 주는 것을 get back to라고 표현해요. 여기서 please는 예의를 갖추기 위해서라기보다는 그냥 맨 앞에 붙이는 게 자연스러운 표현이라 넣어주는 거예요.

의외로 많이 쓰이는

Please get back to me.

연락 주세요.

3 교과서에 자주 등장하던 표현 「look forward to 동명사」도 실제로 많이 쓰여요. '~하기를 고대하다'라는 뜻인데 정중하게 연락을 기다리겠다고 할 때 잘 쓰는 표현이에요.

이것까지 알면 자신감 UP!

I'm looking forward to hearing from you.

연락 기다리고 있겠습니다.

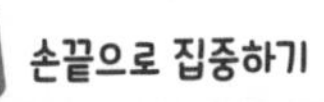

STEP 2 손끝으로 집중하기

다음 문장을 소리 내어 읽으면서 가볍게 따라 써보세요.

I'll be waiting.

Please get back to me.

I'm looking forward to hearing from you.

STEP 3 입에서 터트리기

019-2.mp3

앞에서 학습한 표현에 집중하면서 다음 대화를 듣고 실제 상황처럼 말해보세요.

A: Did you want to see me?
저를 찾으셨다면서요?

B: There is a party next weekend. Do you wanna join it?
다음 주말에 파티가 있어요. 함께 갈래요?

A: I'm not sure. I will get back to you.
잘 모르겠어요. 다시 연락드릴게요.

B: Thanks. **I'll be waiting.**
고마워요. 연락 기다릴게요.

020

I'll be in touch.

연락드리겠습니다.

지나가면서 '밥 먹었어요?'라고 물어보는 것이 꼭 궁금해서 물어보는 것이 아닌 것처럼 '연락하겠다'라는 말에 큰 의미를 둘 필요도 없고, 상대방이 이야기했다고 기대를 너무 많이 하면 안 되겠지만 '연락하겠다'라는 말은 알아둘 필요가 있어요.

머릿속에서 확장하기

020-1.mp3

1 '연락하겠다'라는 표현은 주로 touch를 써서 말해요.

가장 빈번하게 쓰이는

I'll be in touch.

연락드리겠습니다.

2 '연락하다'라는 의미로 contact라는 동사도 아주 많이 사용하는데요. 보다 격식을 차려야 하는 사이에서 사용하면 아주 무난한 인사가 됩니다.

의외로 많이 쓰이는

I'll contact you soon.

곧 연락할게요.

3 전화로 연락하겠다고 할 때 동사 ring을 쓰면 영어를 좀 잘하는 것처럼 보여요. 물론 ring 대신에 call이나 phone을 넣어도 좋습니다.

이것까지 알면 자신감 UP!

I'll ring you later.

나중에 전화할게요.

STEP 2 손끝으로 집중하기

다음 문장을 소리 내어 읽으면서 가볍게 따라 써보세요.

I'll be in touch.

I'll contact you soon.

I'll ring you later.

STEP 3 입에서 터트리기

020-2.mp3

앞에서 학습한 표현에 집중하면서 다음 대화를 듣고 실제 상황처럼 말해보세요.

A: We just got a new kitten yesterday.
어제 고양이를 한 마리 샀어요.

B: Wow, good for you.
와, 잘 했네요.

A: I'd like to invite you. **I'll contact you soon.**
초대하고 싶어요. 곧 연락할게요.

B: Do you mean it? Please call me.
진짜죠? 연락 주세요.

Stage Review

앞에서 학습한 표현을 떠올리면서 빈칸에 들어갈 말을 생각해 보세요.

1. 또 봐요.
   ______ you.

2. 시간 내주셔서 감사합니다.
   We ______ you taking the time.

3. 귀중한 시간 내주셔서 진심으로 감사합니다.
   ______ you very much for sparing your precious time.

4. 다시 만나요.
   See you ______.

5. 계속 연락하며 지내요.
   Let's ______ in touch.

6. 연락 기다릴게요.
   I'll be ______.

7. 연락 주세요.
   Please get ______ to me.

8. 연락 기다리고 있겠습니다.
   I'm looking ______ to hearing from you.

9. 연락드리겠습니다.
   I'll be in ______.

10. 곧 연락할게요.
    I'll ______ you soon.

정답 | 1. See 2. appreciate 3. Thank 4. again 5. keep 6. waiting 7. back 8. forward 9. touch 10. contact

STAGE 4

안부·사과

021-030

021

What's going on?

어떻게 지내세요?

오랫동안 만나지 못한 사이지만 제법 아는 사이라면, 이제 좀 어색함을 허물고 대화의 물꼬를 트는 게 중요해요.

STEP 1 머릿속에서 확장하기

021-1.mp3

1 가볍게 말문을 열어보세요. 'What's going on?'은 '무슨 일이야?'의 뜻으로도 많이 쓰여요.

What's going on?

어떻게 지내세요?

---

2 안면이 있긴 하지만 위의 표현보다는 그래도 격식을 갖춰야 할 때, 이렇게 말해요. 이때 how have를 따로 떼어 읽는 것보다 how've처럼 붙여서 읽으면 훨씬 더 폼이 난다는 사실.

의외로 많이 쓰이는

How have you been?

어떻게 지내셨어요?

---

3 원어민들이 정말 많이 쓰는 표현 중 하나예요. 직역은 '그것이 어떻게 되어 가?'이지만 'How are you?'와 같은 의미로서, 'Good.', 'Great.', 'Not bad.' 등으로 답하면 돼요.

이것까지 알면 자신감 UP!

How's it going?

어떻게 지내요?

STEP 2 손끝으로 집중하기

다음 문장을 소리 내어 읽으면서 가볍게 따라 써보세요.

What's going on?

How have you been?

How's it going?

STEP 3 입에서 터트리기

021-2.mp3

앞에서 학습한 표현에 집중하면서 다음 대화를 듣고 실제 상황처럼 말해보세요.

A: Long time no see. How have you been?
오랜만이에요. 어떻게 지내셨어요?

B: I've been fine, thanks. And you?
잘 지냈어요. 당신은요?

A: Well, I've been pretty busy.
음, 좀 바빴어요.

B: Have you?
그래요?

022

What's new?

별일 없으세요?

사실 거기서 거기 같은 인사지만 말 한마디에 대화의 분위기가 달라질 수 있어요. 이번엔 좀 더 친밀하게 안부를 묻는 표현이에요.

STEP 1 머릿속에서 확장하기

022-1.mp3

1 딱 두 단어로 간단하게!

가장 빈번하게 쓰이는

What's new?

별일 없으세요?

2 의문사를 안 쓰고도 언제든지 상대방의 안부를 물어볼 수 있답니다.

의외로 많이 쓰이는

Anything new?

별일 없으세요?

3 원어민들은 아주 많이 사용하지만 우리는 좀 어려워하는 표현인데요. 상대방이 요즘 어떤 일을 하며 지내는지 물을 때 씁니다. 특별한 일이 없을 때는 'Nothing much.'라고 대답하는 것이 일반적입니다.

이것까지 알면 자신감 UP!

What have you been up to?

요즘 뭐 하면서 지내요?

STEP 2 손끝으로 집중하기

다음 문장을 소리 내어 읽으면서 가볍게 따라 써보세요.

What's new?

Anything new?

What have you been up to?

STEP 3 입에서 터트리기

022-2.mp3

앞에서 학습한 표현에 집중하면서 다음 대화를 듣고 실제 상황처럼 말해보세요.

A: Nice to see you, Kate.
만나서 반가워요, 케이트.

B: Hello, Drew. What's new?
안녕, 드루. 별일 없으세요?

A: Nothing special. How are things with you?
그저 그래요. 당신은 어떻게 지내요?

B: Well, I just got married.
어, 전 얼마 전 결혼했어요.

023

You look good.

좋아 보여요.

'칭찬은 고래도 춤추게 한다.'라는 말이 있잖아요. 상대방에게 듣기 좋은 말은 결국 나중에 자기 자신에게도 도움이 되죠.

STEP 1 머릿속에서 확장하기

023-1.mp3

1 흔히 쓰이는 good으로도 칭찬을 얼마든지 할 수 있어요.

가장 빈번하게 쓰이는

You look good.

좋아 보이네요.

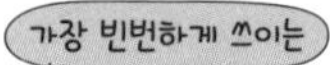

2 you look good 뒤에 조금만 살을 붙이면 제법 정중한 표현이 돼요. 뒤에 as always를 붙여보세요.

의외로 많이 쓰이는

You look good as always.

평상시처럼 멋져 보이네요.

3 you look good 다음에 전치사 with를 쓰면 좀 더 다양하고 구체적으로 칭찬을 표현할 수 있어요.

이것까지 알면 자신감 UP!

You look good with a tan.

선탠 하니까 보기 좋아요.

STEP 2 손끝으로 집중하기

다음 문장을 소리 내어 읽으면서 가볍게 따라 써보세요.

You look good.

You look good as always.

You look good with a tan.

STEP 3 입에서 터트리기

023-2.mp3

앞에서 학습한 표현에 집중하면서 다음 대화를 듣고 실제 상황처럼 말해보세요.

A: How's my hair?
제 머리 어때요?

B: You look good with curly hair now.
지금 곱슬머리가 잘 어울려요.

A: I just want to change the style.
스타일 좀 바꾸고 싶어요.

B: Why? You look good.
왜요? 좋아 보이는데요.

024

Really?

정말요?

뜻밖이라는 의미로 가벼운 놀람을 나타낼 때, 흔히 우리는 '그래요?'라고 하죠. 이렇게 가볍게 상대방의 말에 응답하고 싶을 때 쓰는 추임새 표현을 몇 가지 알아봅시다.

STEP 1 머릿속에서 확장하기

024-1.mp3

1 우리말에서도 리액션 할 때 많이 쓰는 '정말?', '진짜?'는 'Really?'로 쓰고 'For real?'도 많이 써요.

가장 빈번하게 쓰이는

Really?

정말요?

2 이런 말을 제대로 쓰기 위해서 알아야 할 점은 끝을 얼마나 올려 말하느냐에 따라 강한 리액션과 약한 리액션이 결정된다는 거예요. 여러 상황을 가정하고 리액션을 연습해보세요.

의외로 많이 쓰이는

Is that right?

맞나요? (그래요?)

3 원어민이 진짜 놀랐을 때 많이 쓰는 말은 이거예요. 문맥에 따라 반어적 의미를 내포하기도 해요.

이것까지 알면 자신감 UP!

How interesting!

정말요? (그거 흥미롭군요!)

STEP 2 손끝으로 집중하기

다음 문장을 소리 내어 읽으면서 가볍게 따라 써보세요.

Really?

Is that right?

How interesting!

STEP 3 입에서 터트리기

024-2.mp3

앞에서 학습한 표현에 집중하면서 다음 대화를 듣고 실제 상황처럼 말해보세요.

A: How good are you at sports, Benjamin?
운동 실력은 어떻게 되세요, 벤저민 씨?

B: Are you kidding? I'm terrible.
농담하세요? 저 진짜 못해요.

A: **How interesting!**
정말요?

B: How about you, Mag?
맥, 당신은요?

025

Long time no see.

오랜만이에요.

오랜만에 친구나 지인을 만났을 때 'Long time no see.'라고 많이 하는데요. 그 밖에도 오랜만에 만났을 때 쓸 수 있는 표현이 있어요.

STEP 1 머릿속에서 확장하기

025-1.mp3

1 교과서에도 많이 등장했던 표현이죠. 오랜만에 만났을 땐 이렇게 말해요.

가장 빈번하게 쓰이는

Long time no see.

오랜만이에요.

2 정말 '오랜만임'을 강조하고 싶을 땐 이렇게도 말해요. 여기서 it's는 it has를 줄인 말이에요.

의외로 많이 쓰이는

It's been so long.

정말 오랜만이네요.

3 '오랜만'이란 말이 long밖에 없냐고요? 있죠! long 대신 quite a while을 쓰면 '꽤 오랜만'이란 뜻이에요.

이것까지 알면 자신감 UP!

It's been quite a while!

만난 지 꽤 되었네요!

STEP 2 손끝으로 집중하기

다음 문장을 소리 내어 읽으면서 가볍게 따라 써보세요.

Long time no see.

It's been so long.

It's been quite a while!

STEP 3 입에서 터트리기

025-2.mp3

앞에서 학습한 표현에 집중하면서 다음 대화를 듣고 실제 상황처럼 말해보세요.

A: Hello, Min-woo. Long time no see.
안녕하세요, 민우 씨. 오랜만이에요.

B: Hey. Glad seeing you here.
어머. 여기서 만나다니 반가워요.

A: We must get together sometime.
언제 한번 뭉쳐야죠.

B: Sure. How about tomorrow?
그럼요. 내일 어때요?

026

Time flies.

시간이 정말 빨리 가네요.

재미난 일을 할 때는 보통 시간 가는 줄 모르고 일에 집중하게 되잖아요. 그렇게 정신없이 몰두하다가 문득 시계를 봤더니, 아니 벌써!

STEP 1 머릿속에서 확장하기

026-1.mp3

1 간단한 말이지만 쉽게 입 밖으로 나오지 않지요. 그렇지만 정말 많이 쓰는 표현이에요.

가장 빈번하게 쓰이는

Time flies.

시간이 정말 빨리 가네요.

2 '시간의 길, 방향, 기록을 잃었다'라는 말은 지금 시간이 몇 시인지도 모른다는 말이라고 할 수 있겠죠? 그만큼 즐겁게 시간을 보냈거나 어떤 것에 몰두한 경우를 뜻해요.

의외로 많이 쓰이는

I lost track of time.

시간 가는 줄 몰랐어요.

3 시간이 가는 줄도 모르고 무언가에 즐겁게 몰입하다가 문득 시간이 너무 많이 흐른 것을 깨닫고 서둘러 나가야 할 때 쓰는 표현이에요.

이것까지 알면 자신감 UP!

I didn't realize it was so late!

이렇게 늦은 줄 몰랐어요.

STEP 2 손끝으로 집중하기

다음 문장을 소리 내어 읽으면서 가볍게 따라 써보세요.

Time flies.

I lost track of time.

I didn't realize it was so late!

STEP 3 입에서 터트리기

026-2.mp3

앞에서 학습한 표현에 집중하면서 다음 대화를 듣고 실제 상황처럼 말해보세요.

A: Happy New Year, Yumi!
새해 복 많이 받으세요, 유미 씨!

B: Happy New Year, Paul!
새해 복 많이 받으세요, 폴 씨!

A: **Time flies!**
시간 정말 빨리 가네요! (세월이 참 빠르군요!)

B: You're right. The older you get, the faster time flies!
맞아요. 나이가 들수록 시간이 더 빨리 가요!

027

No problem.

별거 아니에요.

어렵게 부탁을 했을 때 상대방이 별거 아니라고 말해주면 얼마나 마음이 놓이겠어요? 그 반대의 상황도 마찬가지고요.

STEP 1 머릿속에서 확장하기

027-1.mp3

1 여기저기 정말 많이 쓰이는 바로 이 말. 상대방이 감사할 때 하는 답변으로도 많이 쓰입니다.

가장 빈번하게 쓰이는

No problem.

별거 아니에요. (문제없어요.)

2 좀 더 확실한 리액션이 필요하다고요? deal은 '거래'라는 뜻으로 가장 많이 알고 있는데, 일반적으로 얘기하는 '큰일'을 의미하기도 해요.

의외로 많이 쓰이는

No big deal.

큰일 아니에요.

3 다음은 상대방에게 자신감을 어필하는 표현인데요. 우리말로 하면 '식은 죽 먹기'라는 뜻에 해당해요.

이것까지 알면 자신감 UP!

No sweat.

별일 아니에요.

STEP 2 손끝으로 집중하기

다음 문장을 소리 내어 읽으면서 가볍게 따라 써보세요.

No problem.

No big deal.

No sweat.

STEP 3 입에서 터트리기

027-2.mp3

앞에서 학습한 표현에 집중하면서 다음 대화를 듣고 실제 상황처럼 말해보세요.

A: What do you think of it?
그거 어떠세요?

B: It's nice, but don't you have a better one? I'm sorry.
좋아요. 하지만 더 좋은 건 없나요? 죄송해요.

A: **No big deal!**
아, 그럼요. (큰일 아니에요.)

M: Thank you. You are so kind.
고마워요. 친절도 하셔라.

028

Excuse me.

실례합니다.

우리가 생각하는 것보다 실제 영어권에서 훨씬 많이 사용되는 말이에요. 밖에서 다른 사람에게 가벼운 양해를 구하거나 부탁을 해야 할 때, 혹은 정중하게 사람을 부를 때 늘 입에 붙어 있어야 하는 말이죠.

STEP 1 머릿속에서 확장하기

028-1.mp3

1 이 말은 단순하지만 다양한 상황에서 쓰여요. 예를 들면, 길을 가로막은 사람이 있는데 지나가야 할 상황에 처했을 때 딱 이 한마디면 대부분 미안하다고 하며 비켜줘요.

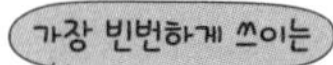

Excuse me.

실례합니다.

2 대화 중 갑자기 끊어야 할 때 'Excuse me.'라고만 해도 괜찮지만 '잠깐만 실례할게요.'가 좀 더 정중하게 느껴지죠? 그때 뒤에 for a second나 for a moment를 붙여주세요.

의외로 많이 쓰이는

Excuse me for a second.

잠시 실례할게요.

3 sorry를 쓰면 무조건 '사과'하는 것이냐고요? 정중하게 말을 시작하고 싶을 때 이렇게 말을 하면 보다 세련된 표현이 돼요. '~해서'라는 이유를 붙일 때 「to+동사원형」을 써요.

이것까지 알면 자신감 UP!

Sorry to bother you.

방해해서 죄송해요.

STEP 2 손끝으로 집중하기

다음 문장을 소리 내어 읽으면서 가볍게 따라 써보세요.

Excuse me.

Excuse me for a second.

Sorry to bother you.

STEP 3 입에서 터트리기

028-2.mp3

앞에서 학습한 표현에 집중하면서 다음 대화를 듣고 실제 상황처럼 말해보세요.

A: Excuse me for a second.
잠시 실례할게요.

B: Huh? Why?
어, 왜요?

A: I have another call.
전화가 와서요.

B: Ah, OK. Take your time.
아, 괜찮아요. 천천히 하세요.

029

I am sorry.

미안해요.

형식적인 '미안함'이 아닌 정말 미안한 마음을 담아야 할 때는 가급적 처음부터 끝까지 정확하게 얘기하는 것이 조금이라도 더 진정성 있어 보여요.

STEP 1 머릿속에서 확장하기

029-1.mp3

1 누구나 다 아는 표현으로 가볍게 시작해요.

I am sorry.
미안해요.

2 남이 아끼는 귀중한 것을 떨어뜨려서 파손시키거나, 시간 약속을 어기게 된 정말 미안한 경우엔 sorry 앞에 really를 쓰면 좋아요. 이때 really를 좀 더 크고 확실하게 말해야 해요.

의외로 많이 쓰이는

I am really sorry.
정말 미안해요.

3 업무상 편지를 써서 사과를 전하거나 문자를 보내더라도 조금 어려운 상대방에게는 sorry보다는 apologize(사과하다)라는 단어가 더 격식을 갖춘 표현이에요.

이것까지 알면 자신감 UP!

I want to apologize.
사과하고 싶어요.

STEP 2 손끝으로 집중하기

다음 문장을 소리 내어 읽으면서 가볍게 따라 써보세요.

I am sorry.

I am really sorry.

I want to apologize.

STEP 3 입에서 터트리기

029-2.mp3

앞에서 학습한 표현에 집중하면서 다음 대화를 듣고 실제 상황처럼 말해보세요.

A: Sorry. I was late, Kyung-soo.
미안해요. 제가 늦었네요, 경수 씨.

B: What happened, Mi-young? It's too late!
미영 씨, 무슨 일 있어요? 너무 늦었어요!

A: The traffic was heavy. I'm really sorry.
차가 막혔거든요. 정말 미안해요.

B: The movie will start soon. Let's hurry up.
영화 금방 시작해요. 빨리 서두릅시다.

030

That's all right.

괜찮아요.

상대방이 정말 큰 잘못을 저지르지 않은 이상 '사과'를 했다면 보통 넘어가 주는 경우가 더 많을 거예요. 그럴 때 자연스럽게 대화를 이어가거나 마무리하고 싶을 때 쓰는 '괜찮아요.'는 영어로 어떻게 말할까요?

STEP 1 머릿속에서 확장하기

030-1.mp3

1 흔히들 이렇게 말하죠. 맞장구 표현인 'That's right. (그래, 맞아.)'와 헷갈리지 마세요.

가장 빈번하게 쓰이는

That's all right.

괜찮아요.

2 좀 더 친한 사이에서 '괜찮다'라고 할 땐 다음과 같이 말해요. 그렇게 친하지 않은 사이에서 사용하면 조금 딱딱하게 느껴질 수도 있으니까 이 표현을 쓸 때는 가급적 얼굴을 쳐다보고 친절하게 말해주세요.

의외로 많이 쓰이는

Never mind.

신경 쓰지 마세요.

3 상대방이 너무 걱정하는 것 같아 조금 진정시킬 필요가 있어 보일 때는 단순히 괜찮다는 의미를 넘어서 진정하라는 의미까지 포함하는 표현이 좋겠죠?

이것까지 알면 자신감 UP!

Don't worry about it.

걱정 마세요.

STEP 2 손끝으로 집중하기

다음 문장을 소리 내어 읽으면서 가볍게 따라 써보세요.

That's all right.

Never mind.

Don't worry about it.

STEP 3 입에서 터트리기

030-2.mp3

앞에서 학습한 표현에 집중하면서 다음 대화를 듣고 실제 상황처럼 말해보세요.

A: I'm sorry, I'm late.
늦어서 미안해요.

B: That's all right. I have time.
괜찮아요. 저 바쁘지 않아요.

A: I'll buy you a cup of coffee.
커피 한 잔 살게요.

B: No, thanks. I have something to drink.
아뇨. 괜찮아요. 저 마실 거 있어요.

Stage Review

앞에서 학습한 표현을 떠올리면서 빈칸에 들어갈 말을 생각해 보세요.

1. 어떻게 지내세요?
   How's it ______ ?

2. 요즘 뭐 하면서 지내요?
   What have you been up ______ ?

3. 평상시처럼 멋져 보이네요.
   You look good as ______ .

4. 맞나요? (그래요?)
   Is that ______ ?

5. 만난 지 꽤 되었네요!
   It's been quite a ______ !

6. 시간이 정말 빨리 가네요.
   Time ______ .

7. 큰일 아니에요.
   No big ______ .

8. 방해해서 죄송해요.
   Sorry to ______ you.

9. 사과하고 싶어요.
   I want to ______ .

10. 신경 쓰지 마세요.
    ______ mind.

정답 | 1. going 2. to 3. always 4. right 5. while
6. flies 7. deal 8. bother 9. apologize 10. Never

STAGE 5
근황 전달
031-040

031

Look who's here!

이게 누구야!

뜻밖의 장소나 갑작스러운 상황에서 아는 사람을 만날 때 사용할 수 있는 표현을 알아봅시다.

머릿속에서 확장하기

031-1.mp3

1 눈으로 보면 쉬운데 실제 상황에선 바로 잘 떠오르지 않는 표현이에요.

Look who's here!

이게 누구야!

2 오랫동안 보지 못했던 그 사람을 마침 우리 동네 또는 우연히 놀러 간 유원지 등에서 마주쳤다면? 놀라움에 놀라움을 더해서 이렇게 말해요.

의외로 많이 쓰이는

What a small world!

정말 세상 좁네요!

3 이 역시 친근하긴 하지만 조금 격식을 갖춰야 하는 상황에서 쓰는 표현이에요. 상대방에게 과장된 느낌을 주고 싶지 않다면 조금은 진중하게, 그러면서도 눈은 웃으면서 이렇게 얘기해보세요.

이것까지 알면 자신감 UP!

What a surprise to meet you here!

여기서 만나다니 정말 놀라워요!

STEP 2 손끝으로 집중하기

다음 문장을 소리 내어 읽으면서 가볍게 따라 써보세요.

Look who's here!

What a small world!

What a surprise to meet you here!

STEP 3 입에서 터트리기

031-2.mp3

앞에서 학습한 표현에 집중하면서 다음 대화를 듣고 실제 상황처럼 말해보세요.

A: Where does your sister live?
당신 여동생은 어디에 살고 있나요?

B: She lives in the K-Tower.
케이 타워에 살고 있어요.

A: That's where my new office is!
거기 제 새로운 사무실이 있는 곳이에요.

B: Wow! **What a small world!**
와! 정말 세상 좁네요!

032

How have you been lately?

요즘 어떻게 지내고 계세요?

단순히 안면만 있는 사이가 아니라면 이제 감정을 조금 더 실어서 얘기해볼까요?

STEP 1 머릿속에서 확장하기

032-1.mp3

1 how have you been까지는 기본적인 인사로 볼 수 있는데 뒤에 lately를 붙이면 진심으로 상대방의 개인적인 이야기를 들어 보고 싶다는 뜻이 돼요.

가장 빈번하게 쓰이는

How have you been lately?

요즘 어떻게 지내고 계세요?

2 보통 feel 하면 '느끼다'라는 뜻만 떠올리는데, 건강 문제가 있었던 상대방의 안부를 진심으로 걱정하면서 물어볼 때 상당히 유용한 표현이에요.

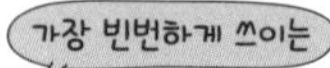

How have you been feeling?

건강은 좀 어떠세요?

3 정말 친한 사이였는데, 요즘 자주 못 만나서 섭섭함과 반가움을 동시에 표현하고 싶을 때, how 말고 where를 써서 멋지게 표현해보면 어떨까요? 여기서 in the world는 '도대체'라는 의미로 강조할 때는 쓰는 표현입니다.

이것까지 알면 자신감 UP!

Where in the world have you been?

도대체 그동안 어디에 있다가 나타난 거예요?

STEP 2 손끝으로 집중하기

다음 문장을 소리 내어 읽으면서 가볍게 따라 써보세요.

How have you been lately?

How have you been feeling?

Where in the world have you been?

STEP 3 입에서 터트리기

032-2.mp3

앞에서 학습한 표현에 집중하면서 다음 대화를 듣고 실제 상황처럼 말해보세요.

A: **How have you been feeling?**
건강은 좀 어떠세요?

B: I feel better now.
훨씬 좋아졌어요.

A: I'm glad you are feeling better.
좋아졌다니 다행이에요.

B: Thank you.
고마워요.

033

How's your family?

가족들은 어떻게 지내세요?

상대방의 안부를 묻는 표현은 충분히 연습했으니, 이제 조금 더 친해진 사이라고 가정하고 이번엔 가족의 안부를 물어볼까요?

STEP 1 머릿속에서 확장하기

033-1.mp3

1 다음과 같이 간단하게 물어보면 됩니다.

가장 빈번하게 쓰이는

How's your family?

가족들은 어떻게 지내세요?

2 콕 찍어 family라고 하지 않아도 대화를 하다 보면 가족의 안부를 묻는 상황임을 충분히 알 수 있어요. 실제 대화에선 여기저기 쓸 수 있는 유용한 단어인 everyone을 더 많이 쓴답니다.

의외로 많이 쓰이는

How is everyone?

다들 어떻게 지내세요?

3 그래도 '가족'이라는 말로 꼭 전달을 하고 싶다면? 그럼, '가족'을 의미하는 쉬운 표현인 everybody at your house를 하나 더 알려드릴게요.

이것까지 알면 자신감 UP!

How's everybody at your house?

가족들 모두 잘 지내지요?

STEP 2 손끝으로 집중하기

다음 문장을 소리 내어 읽으면서 가볍게 따라 써보세요.

How's your family?

How is everyone?

How's everybody at your house?

STEP 3 입에서 터트리기

033-2.mp3

앞에서 학습한 표현에 집중하면서 다음 대화를 듣고 실제 상황처럼 말해보세요.

A: **How's your family?**
가족들은 어떻게 지내세요?

B: Oh, very well, thank you. And yours?
오, 아주 잘 지내요. 고마워요. 당신 가족들은요?

A: Oh, very well.
잘 지내요.

B: And how are the kids?
아이들은 어때요?

034

Are you sick?

어디 아프세요?

그런데 만나서 대화를 하려고 보니 상대방의 안색이 좋지 않아 보여요. 이럴 때 물어볼 수 있는 표현을 몇 가지 배워볼게요.

STEP 1 머릿속에서 확장하기

034-1.mp3

1 어디가 안 좋은지 물을 때 이렇게 말해요.

가장 빈번하게 쓰이는

Are you sick?

어디 아프세요?

2 상대방이 어떤 병에 걸린 건 아닌지 걱정하면서 물어보기엔 사실 sick보다 ill이 더 정확한 표현이에요. 발음에 유의해서 말해보세요.

의외로 많이 쓰이는

Are you ill?

병에 걸린 거 아니에요?

3 아픈 건지 그냥 기분이 안 좋은 것인지 확실치는 않지만 분명한 것은 상대방의 얼굴이 썩 좋아 보이지는 않아요. 그렇게 애매모호하지만 어쨌든 걱정스럽게 상대방을 살필 수 있는 표현이에요.

이것까지 알면 자신감 UP!

What's the matter with you?

무슨 일 있는 거예요?

STEP 2 손끝으로 집중하기

다음 문장을 소리 내어 읽으면서 가볍게 따라 써보세요.

Are you sick?

Are you ill?

What's the matter with you?

STEP 3 입에서 터트리기

034-2.mp3

앞에서 학습한 표현에 집중하면서 다음 대화를 듣고 실제 상황처럼 말해보세요.

A: Hey, Tony! You don't look well. **What's the matter with you?**
안녕하세요, 토니. 안색이 안 좋아요. 무슨 일 있어요?

B: I have a toothache.
치통이 있어요.

A: Let's go to the dentist.
치과에 같이 가요.

B: Oh, no.
아, 안 돼.

035

I'm fine, thank you.

잘 지내요. 고마워요.

'잘 지내요, 고마워요.'는 너무 익숙하니 다른 표현을 알고 싶다고요? 그럼 '덕분에 잘 지내요.'라는 말은 어때요? 그리 어렵지 않게 얘기할 수 있을 거 같은데 이상하게 입 밖으로 바로 안 나오죠? 영어에서는 어떻게 표현하면 되는지 쉬운 표현부터 차근차근 알아봅시다.

머릿속에서 확장하기

035-1.mp3

1 교과서에 정말 많이 나오고 영어를 공부해본 사람이라면 누구나 아는 바로 그 표현. 그만큼 많이 쓰이기 때문이죠. 복습하는 셈 치고 한 번씩만 말해보고 넘어가요.

가장 빈번하게 쓰이는

I'm fine, thank you.

잘 지내요. 고마워요.

2 잘 지낸다는 말은 이렇게도 표현합니다.

의외로 많이 쓰이는

I'm doing great.

잘 지내고 있어요.

3 '덕분에'라는 말을 가장 정확하게 옮긴 표현은 thanks to인데요. 이 표현만 적절히 넣어도 세련되게 말할 수 있어요.

이것까지 알면 자신감 UP!

I'm doing well, thanks to you.

덕분에 잘 지내고 있어요.

STEP 2 손끝으로 집중하기

다음 문장을 소리 내어 읽으면서 가볍게 따라 써보세요.

I'm fine, thank you.

I'm doing great.

I'm doing well, thanks to you.

STEP 3 입에서 터트리기

035-2.mp3

앞에서 학습한 표현에 집중하면서 다음 대화를 듣고 실제 상황처럼 말해보세요.

A: How're you doing?
어떻게 지내세요?

B: **I'm doing great!** What are you doing?
잘 지내고 있어요. 근데 지금 뭐 하세요?

A: I'm looking for the PC bang.
PC방을 찾고 있어요.

B: It might be in this building.
이 건물 안에 있을 거예요.

036

Just OK.

그럭저럭 지내요.

상대방의 안부를 묻는 질문에 '그럭저럭'이라고 대답하는 것은 어쩌면 실례일 수도 있겠지만 친한 사이라면 오히려 더 솔직하고 친근하게 느끼게 하는 말이 될 수도 있어요.

STEP 1 머릿속에서 확장하기 036-1.mp3

1 간단하게 '그럭저럭'은 이렇게 말해요.

가장 빈번하게 쓰이는

Just OK.
그럭저럭 지내요. (그냥 그래요.)

2 친한 상대지만 오랜만에 만났고 얘기할 시간이 별로 없을 땐 자신의 상황을 구구절절 설명하기 어렵겠죠? 그럴 때 요렇게 말하면 됩니다.

의외로 많이 쓰이는

As usual.
맨날 같아요.

3 다음은 '별일 없다'라는 뜻을 정확하게 나타내는 말이에요. 대단한 게 없다는 말이지만 사실은 조금 심드렁한 자신의 상태까지 표현할 수 있는 말이랍니다.

이것까지 알면 자신감 UP!

Nothing special.
별일 없죠, 뭐.

STEP 2 손끝으로 집중하기

다음 문장을 소리 내어 읽으면서 가볍게 따라 써보세요.

Just OK.

As usual.

Nothing special.

STEP 3 입에서 터트리기

036-2.mp3

앞에서 학습한 표현에 집중하면서 다음 대화를 듣고 실제 상황처럼 말해보세요.

A: What are you doing tomorrow evening?
내일 저녁에 뭐 하실 거예요?

B: **Nothing special.** Why?
별일 없어요. 왜요?

A: Wilson invited us over for dinner.
윌슨이 우릴 저녁 식사에 초대했어요.

B: Really? That's very kind of him.
정말요? 고마워라.

037

I took a trip.

여행 좀 다녀왔어요.

근황 얘기를 좀 더 해볼까요? 오랜만에 만났을 때 '여행'도 좋은 대화 주제 중 하나죠.

STEP 1 머릿속에서 확장하기

037-1.mp3

1 '여행' 하면 제일 먼저 생각나는 단어가 travel이죠. 여기서는 '여행'을 뜻하는 또 다른 단어 trip을 이용해서 말해볼게요. 장소를 추가할 때 to를 넣어서 'I took a trip to 장소.'로 써요.

I took a trip.

여행 좀 다녀왔어요.

2 take 대신 go를 쓸 때는 뒤에 꼭 세트처럼 on이 붙어요. go to a trip이 아니라 go on a trip! 잊지 마세요.

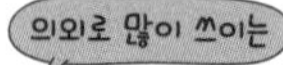

I went on a trip.

여행 갔다 왔어요.

3 정확하게는 과거에 여행 다녀온 얘기를 지금 하고 있는 거니까 보통 have been이라는 표현도 많이 써요. 좀 딱딱하게 들리긴 하지만 보다 정확한 표현이 됩니다.

이것까지 알면 자신감 UP!

I have been on a trip.

여행 좀 갔다 왔어요.

STEP 2 손끝으로 집중하기

다음 문장을 소리 내어 읽으면서 가볍게 따라 써보세요.

I took a trip.

I went on a trip.

I have been on a trip.

STEP 3 입에서 터트리기

037-2.mp3

앞에서 학습한 표현에 집중하면서 다음 대화를 듣고 실제 상황처럼 말해보세요.

A: **I have been on a trip.**
여행 좀 갔다 왔어요.

B: How was that?
어땠어요?

A: It was great. There were so many places to see.
좋았어요. 구경할 장소가 정말 많았어요.

B: Ah, by the way, when was it?
아, 그런데 언제 다녀왔어요?

038

I didn't feel right.

몸이 좀 안 좋았어요.

몸이 아픈데도 꾹 참고 억지로 얘기하는 건 그렇게 좋은 것만은 아니에요. 몸이 아프면 아프다고 솔직하게 얘기하는 게 오히려 더 예의인 경우가 많답니다.

STEP 1 머릿속에서 확장하기

038-1.mp3

1 right 하면 '옳은, 맞는'이라는 뜻이지만, feel과 함께 쓰면 '(상태가) 좋은, 건강한'이라는 의미를 전달합니다.

가장 빈번하게 쓰이는

I didn't feel right.

몸이 안 좋았어요.

2 shape은 현재의 '건강'을 가리킬 때 많이 쓰여요. out of shape은 '살이 찐'이라는 말도 되고, 상황에 따라 '몸이 너무 안 좋은'이라는 말도 된답니다.

의외로 많이 쓰이는

I'm out of shape.

몸이 너무 안 좋아요.

3 정말 정확하게 내 몸에 이상이 있다는 사실을 오해 없이 전달하고 싶다면 다소 딱딱하게 들릴 수 있지만 이렇게 좀 더 풀어서 얘기하면 돼요.

이것까지 알면 자신감 UP!

Something might be wrong with me.

뭔진 모르겠는데 몸이 좀 안 좋아요.

STEP 2 손끝으로 집중하기

다음 문장을 소리 내어 읽으면서 가볍게 따라 써보세요.

I didn't feel right.

I'm out of shape.

Something might be wrong with me.

STEP 3 입에서 터트리기

038-2.mp3

앞에서 학습한 표현에 집중하면서 다음 대화를 듣고 실제 상황처럼 말해보세요.

A: Are we still on for tennis?
그래도 우리 테니스 치러 가는 거죠?

B: Oh, sure. I think I'm out of shape. I need to work out.
그럼요. 건강이 좀 안 좋아진 거 같아서 운동을 꼭 해야겠어요.

A: Perfect!
그렇죠!

B: But be careful of the weather!
근데 날씨는 조심해야 해요.

039

Take care.

잘 지내세요.

'잘 지내세요.'는 우리도 헤어질 때 마지막 인사로 자주 쓰는 표현이죠. 영어에서는 어떻게 쓰는지 살펴봅시다.

STEP 1 머릿속에서 확장하기

039-1.mp3

1 그냥 '잘 지내세요.'라고만 해도 감기 같은 병에 걸리지 말고 건강에 주의하라는 의미를 충분히 전달할 수 있어요.

가장 빈번하게 쓰이는

Take care.

잘 지내세요.

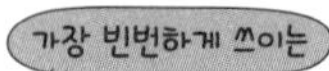

2 조금 더 상대방을 진심으로 걱정하고 있다는 마음을 전하고 싶다면 앞의 표현에다 약간만 덧붙이면 돼요. 절대 어려운 표현이 아니니까 긴장 풀고 얘기해보세요.

의외로 많이 쓰이는

Take good care of yourself.

절대 조심하셔야 해요.

3 '~을 지키다, 보살피다'라는 뜻의 look out for를 활용해 표현할 수도 있어요.

이것까지 알면 자신감 UP!

Look out for your health.

건강 잘 챙기세요.

STEP 2 손끝으로 집중하기

다음 문장을 소리 내어 읽으면서 가볍게 따라 써보세요.

Take care.

Take good care of yourself.

Look out for your health.

STEP 3 입에서 터트리기

039-2.mp3

앞에서 학습한 표현에 집중하면서 다음 대화를 듣고 실제 상황처럼 말해보세요.

A: So, when are you leaving for Hawaii?
그래서, 하와이로 언제 가시는 거예요?

B: This coming Sunday.
이번 주 일요일에요.

A: I will miss you.
그리울 거예요.

B: Good luck, and take good care of yourself, Cindy.
잘 지내요. 건강 꼭 잘 챙기시고요, 신디.

040

Say hello to your family.

가족에게 안부 전해주세요.

다른 사람에게 안부를 전해달라고 할 때는 어떤 표현을 쓸 수 있는지 살펴볼게요.

STEP 1 머릿속에서 확장하기

040-1.mp3

1 say hello to는 '~에게 안부를 전하다'라는 뜻으로 일상에서 자주 쓰이는 표현이죠. 아는 사람의 이름을 넣어서도 한번 얘기해보세요.

가장 빈번하게 쓰이는

Say hello to your family.

가족에게 안부 전해주세요.

2 좀 더 점잖고 있어 보이고 싶을 땐 이렇게 많이 얘기해요.

의외로 많이 쓰이는

Send my regards.

제 안부 좀 전해주세요.

3 친한 사이일 때는 regards 대신 love를 넣어 이렇게 얘기할 수도 있어요.

이것까지 알면 자신감 UP!

Send my love to her.

그녀에게 안부 전해주세요. (제 마음을 그녀에게 전해주세요.)

STEP 2 손끝으로 집중하기

다음 문장을 소리 내어 읽으면서 가볍게 따라 써보세요.

Say hello to your family.

Send my regards.

Send my love to her.

STEP 3 입에서 터트리기

040-2.mp3

앞에서 학습한 표현에 집중하면서 다음 대화를 듣고 실제 상황처럼 말해보세요.

A: It was a wonderful party.
파티 즐거웠어요.

B: I had a good time, too. Say hello to your family.
저도 즐거웠어요. 가족에게 안부 전해주세요.

A: Okay, I will. Good-bye.
그럴게요. 안녕히 계세요.

B: Bye. Take care.
네, 잘 지내세요.

Stage Review

앞에서 학습한 표현을 떠올리면서 빈칸에 들어갈 말을 생각해 보세요.

1. 이게 누구야!
   Look who's ______ !

2. 도대체 그동안 어디에 있다가 나타난 거예요?
   Where in the world have you ______ ?

3. 다들 어떻게 지내세요?
   How is ______ ?

4. 무슨 일 있는 거예요?
   What's the ______ with you?

5. 잘 지내고 있어요.
   I'm ______ great.

6. 별일 없죠, 뭐.
   ______ special.

7. 여행 갔다 왔어요.
   I ______ on a trip.

8. 뭔진 모르겠는데 몸이 좀 안 좋아요.
   Something might be ______ with me.

9. 잘 지내세요.
   Take ______ .

10. 가족에게 안부 전해주세요.
    Say ______ to your family.

정답 | 1. here 2. been 3. everyone 4. matter 5. doing
6. Nothing 7. went 8. wrong 9. care 10. hello

STAGE 6
약속 잡기
041-050

041

Do you have time?

시간 있으세요?

일단 약속을 잡으려면 상대방이 시간이 있는지, 언제가 괜찮은지를 아는 게 중요하죠. 그럴 땐 어떻게 물어보는 게 좋을까요?

STEP 1 머릿속에서 확장하기

041-1.mp3

1 'Do you have the time?'이라고 물으면 '몇 시예요?'라는 말이고, 'Do you have time?'이라고 하면 '시간 있으세요?'라는 뜻이에요. the가 있는지 없는지 잘 보셔야 해요.

Do you have time?

시간 있으세요?

2 free에는 '자유로운'이라는 뜻부터 시작해서 '한가한, 공짜, ~가 없는' 등등 많은 의미가 있어요. 사람에게 free를 쓰면 시간이 있는지를 물어보는 표현이 돼요.

의외로 많이 쓰이는

Are you free now?

지금 시간 있어요?

3 minute이라는 말도 시간이 있는지 물어볼 때 쓰이는데 주로 갑자기 양해를 구할 때 많이 쓰여요. 'Do you have a minute?'이라는 말을 직역하면 '당신은 1분이 있습니까?'이지만 실은 그런 뜻이 아닌 거 아시죠? 더 줄여서 '(You) got a minute?'이라고도 써요.

이것까지 알면 자신감 UP!

Do you have a minute?

잠깐 시간 내주실 수 있으세요?

STEP 2 손끝으로 집중하기

다음 문장을 소리 내어 읽으면서 가볍게 따라 써보세요.

Do you have time?

Are you free now?

Do you have a minute?

STEP 3 입에서 터트리기

041-2.mp3

앞에서 학습한 표현에 집중하면서 다음 대화를 듣고 실제 상황처럼 말해보세요.

A: Do you want to go out now?
지금 나가실래요?

B: I can't. I've got things to do.
안 돼요. 할 일이 좀 있어요.

A: How about later today? **Do you have time?**
오늘 저녁은 어때요? 시간 있으세요?

B: I think so.
가능할 거 같아요.

042

When would be a good time?

언제쯤이 좋아요?

상대방이 시간이 있다고 하면 구체적으로 언제가 좋은지를 물어봐야 약속을 잡을 수 있죠.

STEP 1 머릿속에서 확장하기

042-1.mp3

1 가급적이면 우리가 알고 있는 굉장히 쉬운 말로 물어보자고요. good time(좋은 시간)이라는 말은 '시간이 날 때'를 나타내는 아주 좋은 표현이에요.

가장 빈번하게 쓰이는

When would be a good time?

언제쯤이 좋아요?

2 available(이용 가능한)은 시간을 물어볼 때 아주 유용한 표현인데, 그 밖에 극장에서 자리가 있는지, 가게에 원하는 물건이 있는지를 물을 때도 전부 이 단어 하나면 해결돼요.

의외로 많이 쓰이는

When will you be available?

언제쯤 시간이 나세요?

3 다소 고난도 표현이긴 한데요. 몇 시쯤이 좋을지 물을 때는 이렇게 말하기도 해요.

이것까지 알면 자신감 UP!

What time is convenient?

언제가 편하세요?

STEP 2 손끝으로 집중하기

다음 문장을 소리 내어 읽으면서 가볍게 따라 써보세요.

When would be a good time?

When will you be available?

What time is convenient?

STEP 3 입에서 터트리기

042-2.mp3

앞에서 학습한 표현에 집중하면서 다음 대화를 듣고 실제 상황처럼 말해보세요.

A: I'm sorry. I can't right now.
미안해요. 지금은 안 돼요.

B: Then, **when will you be available?**
그럼 언제 시간이 나세요?

A: After five will be fine.
5시 이후가 좋을 거 같아요.

B: At five? No way.
5시요? 안 돼요.

043

Do you have any plans this evening?

오늘 저녁에 할 일 있으세요?

할 일이 있는지 묻는 것은 결국 '시간'이 있는지를 묻는 것과 마찬가지예요. 앞에서 배운 표현을 조금만 응용해볼까요?

STEP 1 머릿속에서 확장하기

043-1.mp3

1 오늘 저녁에 상대방을 만나고 싶다면 일단 이렇게 입을 떼면 됩니다. 단순히 상대방의 스케줄을 물을 때 사용해도 됩니다.

가장 빈번하게 쓰이는

Do you have any plans this evening?

오늘 저녁에 할 일 있으세요?

2 용건이 있어서 상대방에게 만날 시간을 낼 수 있는지 좀 더 명확히 물어보고 싶다면 어떻게 하면 좋을까요?

의외로 많이 쓰이는

Do you have any time this evening?

오늘 저녁에 시간 있으세요?

3 마찬가지로 이미 배운 free를 이용한 표현을 여기에 써볼까요?

이것까지 알면 자신감 UP!

Are you free this evening?

오늘 저녁에 시간 있으세요?

STEP 2 손끝으로 집중하기

다음 문장을 소리 내어 읽으면서 가볍게 따라 써보세요.

Do you have any plans this evening?

Do you have any time this evening?

Are you free this evening?

STEP 3 입에서 터트리기

043-2.mp3

앞에서 학습한 표현에 집중하면서 다음 대화를 듣고 실제 상황처럼 말해보세요.

A: What's up?
잘 지내요?

B: Nothing much.
별일 없어요.

A: **Are you free this evening?**
오늘 저녁에 시간 있으세요?

B: Not really. Why?
사실은 시간이 없어요. 왜요?

044

Around four will be fine?

4시 괜찮아요?

그날 저녁이 괜찮다고 하면 구체적으로 몇 시에 만날지를 정해야죠.

STEP 1 머릿속에서 확장하기

044-1.mp3

1 '4시'라고 하려면 four라고만 해도 충분해요. 하지만 앞에 '대략'을 의미하는 around를 붙이는 게 상대방에게 부담을 주지 않는 좋은 방법이에요.

가장 빈번하게 쓰이는

Around four will be fine?

4시쯤 괜찮을까요?

2 how about이나 what about으로 질문하면 상대방의 의견이나 견해를 물어보는 보다 정중한 표현이 돼요.

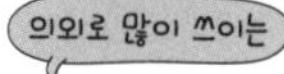

How about at four?

4시는 어때요?

3 앞에서 말한 대로 한번 배운 표현을 자꾸 여러 경우에 적용해보는 연습이 굉장히 중요해요. 우리말 표현이 바뀐다고 계속 다른 영어 표현을 만들어낼 필요가 없어요. 그럼, 특정 시점에 시간이 있는지를 available로 표현해볼까요?

이것까지 알면 자신감 UP!

Are you available at four?

4시에 시간 되세요?

STEP 2 손끝으로 집중하기

다음 문장을 소리 내어 읽으면서 가볍게 따라 써보세요.

Around four will be fine?

How about at four?

Are you available at four?

STEP 3 입에서 터트리기

044-2.mp3

앞에서 학습한 표현에 집중하면서 다음 대화를 듣고 실제 상황처럼 말해보세요.

A: Dick, are you available at four?
딕, 4시에 시간 돼요?

B: No, sorry.
아니요, 미안해요.

A: How about at seven?
그럼 7시는 어때요?

B: OK. Great!
네, 좋아요.

045

Any plans for the weekend?

주말에 뭐 하세요?

사실 데이트나 친목 도모 같은 개인적인 약속은 평일보다는 주말에 많이 잡죠. 그럼 주말에 뭐 하는지 한번 물어볼까요?

머릿속에서 확장하기

045-1.mp3

1 'Do you have any plans for the weekend?'를 다음과 같이 조금 짧게 묻기도 해요.

Any plans for the weekend?

주말에 계획 있으세요? (주말에 뭐 하세요?)

2 조금 더 친근하게 이번 주말에 만나고 싶다고 하려면 이렇게 말해요.

의외로 많이 쓰이는

Doing anything this weekend?

이번 주말에 할 일 있으세요?

3 우리가 아는 말들을 조합해서 보다 격식 차린 질문을 만들어보아요.

이것까지 알면 자신감 UP!

What are you doing on the weekend?

주말에 무엇을 하시나요?

STEP 2 손끝으로 집중하기

다음 문장을 소리 내어 읽으면서 가볍게 따라 써보세요.

Any plans for the weekend?

Doing anything this weekend?

What are you doing on the weekend?

STEP 3 입에서 터트리기

045-2.mp3

앞에서 학습한 표현에 집중하면서 다음 대화를 듣고 실제 상황처럼 말해보세요.

A: Any plans for the weekend?
주말에 할 일 있으세요?

B: Not yet. What were you thinking of doing?
아직요. 당신은 뭐 하실 생각이었어요?

A: I was planning on taking a trip.
전 여행 가려고요.

B: What a perfect thing to do!
아, 정말 좋겠네요!

046

I'll come by tomorrow.

내일 잠깐 들를게요.

언제 올 수 있냐는 상대방의 질문에 언제 갈 수 있는지 대답하는 상황도 생기겠죠? 그럴 때는 이렇게 말해요.

STEP 1 머릿속에서 확장하기

046-1.mp3

1 '가다'라고 하면 go가 먼저 떠오를 텐데 영어에서 상대방에게 '가다'라는 의미로 말할 때는 상대방 쪽에서 생각해야 해요. 즉 자신이 가는 게 아니라 상대방 쪽에서 보면 '오는' 게 되죠. 그래서 '내일 들를게요.'는 이렇게 말해요.

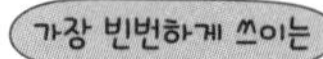

가장 빈번하게 쓰이는

I'll come by tomorrow.

내일 잠깐 들를게요.

2 이 상황에선 go가 아니라 come을 써야 한다는 건 이해가 되셨죠? 그럼 이제 좀 더 구체적으로 '널 보러 가겠다'라고 말해볼까요?

의외로 많이 쓰이는

I'm coming to see you tomorrow.

내일 보러 갈게요.

3 실은 go나 come도 필요 없어요. 미래를 가리키는 will 다음에 be동사를 써주면 '함께 할 거다'라는 말이 되거든요. 여기서 써도 되고 안 써도 되는 along은 의미를 좀 강조해 주는 역할을 해요. '내가 직접 가겠다.'는 다음과 같이 말해요.

이것까지 알면 자신감 UP!

I'll be along tomorrow.

내일 직접 갈게요.

STEP 2 손끝으로 집중하기

다음 문장을 소리 내어 읽으면서 가볍게 따라 써보세요.

I'll come by tomorrow.

I'm coming to see you tomorrow.

I'll be along tomorrow.

STEP 3 입에서 터트리기

046-2.mp3

앞에서 학습한 표현에 집중하면서 다음 대화를 듣고 실제 상황처럼 말해보세요.

A: Would you like to come by my place this evening?
오늘 저녁 우리 집에 잠깐 들르지 않을래?

B: Oh, sorry. Not tonight.
미안해. 오늘은 안 될 것 같아.

A: What happened?
무슨 일 있어?

B: It's actually my mom's birthday today. I'll come by tomorrow.
사실 오늘 엄마 생신이야. 내일 잠깐 들를게.

047

I have nothing to do.

할 일이 없어요.

'뭐 하세요?'라는 질문에 '아무것도 안 하는데요.'라고 답할 때도 있죠. 영어로는 어떻게 표현하는지 알아봅시다.

STEP 1 머릿속에서 확장하기 047-1.mp3

1 아무것도 안 한다는 말은 nothing을 쓰면 된다는 것만 우선 기억해두세요.

가장 빈번하게 쓰이는

I have nothing to do.

할 일이 없어요.

2 particular를 넣으면 우리말로 '딱히 할 일이 없어요.'라는 말이 돼요. 자신의 현재 상황을 좀 더 분명하게 효과적으로 나타낼 수 있어요.

의외로 많이 쓰이는

I have nothing particular to do.

특별히 할 일이 없어요.

3 앞에서 배운 표현 하나를 써볼까요? 'I'm free.'라고 하면 '할 일이 없다.'라는 말이 되는데 여기에 completely가 들어가면 '완전히 한가하다.'라는 뜻이 돼요.

이것까지 알면 자신감 UP!

I'm completely free.

저 진짜 한가해요.

STEP 2 손끝으로 집중하기

다음 문장을 소리 내어 읽으면서 가볍게 따라 써보세요.

I have nothing to do.

I have nothing particular to do.

I'm completely free.

STEP 3 입에서 터트리기

047-2.mp3

앞에서 학습한 표현에 집중하면서 다음 대화를 듣고 실제 상황처럼 말해보세요.

A: Hi, Drew. This is Suji. What are you doing?
드루, 안녕하세요? 저 수지예요. 뭐 하세요?

B: Oh, hi. I was just watching TV.
안녕하세요. 그냥 TV 보고 있었어요.

A: There's nothing to watch right now.
지금 볼 만한 게 없잖아요.

B: I know. But **I have nothing to do.**
알아요. 근데 저 할 일이 없어요.

I will go to Jeju Island.

제주도에 가려고요.

여행 계획이 있다면 어디로 가는지를 이야기하면서 대화를 이어가 보세요.

STEP 1 머릿속에서 확장하기

048-1.mp3

1 미래의 계획으로서 자신의 의지를 나타낼 때 간단히 will을 동사 앞에 쓰며 표현합니다.

I will go to Jeju Island.

제주도에 가려고요.

2 너무 쉽다고요? 그럼 will 대신 다른 표현을 써보죠. 좀 더 확정적이고 결정된 계획을 말할 때 진행형(be 동사+동사의 ing형)을 써요.

의외로 많이 쓰이는

I am going to Jeju Island.

제주도에 가요.

3 말 그대로 '계획하다'라는 단어인 plan을 활용해서 표현할 수도 있죠.

이것까지 알면 자신감 UP!

I am planning to visit Jeju Island.

제주도에 가볼 계획이에요.

STEP 2 손끝으로 집중하기

다음 문장을 소리 내어 읽으면서 가볍게 따라 써보세요.

I will go to Jeju Island.

I am going to Jeju Island.

I am planning to visit Jeju Island.

STEP 3 입에서 터트리기

048-2.mp3

앞에서 학습한 표현에 집중하면서 다음 대화를 듣고 실제 상황처럼 말해보세요.

A: What are you doing for vacation?
휴가 때 뭐 하실 거예요?

B: **I'm going to Jeju Island.**
제주도에 가요.

A: Wow, I envy you.
와, 부러워요.

B: I'll go buy chocolates.
초콜릿 사올게요.

049

Be on time.

제시간에 오세요.

약속마다 매번 늦는 사람들이 꼭 있어요. 이런 사람들과 약속할 때는 미리 주의를 줘야 해요.

STEP 1 머릿속에서 확장하기

049-1.mp3

1 약속 시간에 늦지 말라고 얘기하고 싶을 때 간단히 이렇게 얘기해보세요.

Be on time.

제시간에 오세요.

2 늦지 말라고 직접적으로 하는 게 속으로 꽁하고 있는 것보다는 더 나을 때가 많아요.

의외로 많이 쓰이는

Don't be late.

늦지 마세요.

3 조금은 딱딱해도 아주 단호하게 얘기하고 싶을 땐 punctual(시간을 엄수하는)이라는 형용사를 써서 말해보세요.

이것까지 알면 자신감 UP!

Be punctual.

시간을 잘 지키세요.

STEP 2 손끝으로 집중하기

다음 문장을 소리 내어 읽으면서 가볍게 따라 써보세요.

Be on time.

Don't be late.

Be punctual.

STEP 3 입에서 터트리기

049-2.mp3

앞에서 학습한 표현에 집중하면서 다음 대화를 듣고 실제 상황처럼 말해보세요.

A: The concert starts at 8:00 P.M.
콘서트가 저녁 8시에 시작해요.

B: All right already!
이미 알고 있어요!

A: **Don't be late.**
늦지 마세요.

B: Don't worry. I'll be there by 7:50.
걱정 마세요. 7시 50분까지 갈게요.

050

I'll be there.

(거기로) 갈게요.

팝송을 즐겨 들으시는 분들은 한 번 정도는 'I'll be there.'라는 말을 들은 적이 있을 텐데요. 노래 제목이나 가사로도 많이 쓰이는 이 표현은 사랑하는 사람에게 힘들 때 너무 걱정 말고 자기를 믿으라는 메시지를 전달할 때 많이 등장해요.

STEP 1 머릿속에서 확장하기

050-1.mp3

1 일반적으로는 '가겠다' 또는 '참석하겠다'라는 의미로 많이 쓰이는 표현이에요.

가장 빈번하게 쓰이는

I'll be there.

(거기로) 갈게요.

2 be와 there 사이에 right라는 말을 써주면 좀 더 명확하게 '바로 거기로 가겠다'라는 정보성 멘트가 돼요.

의외로 많이 쓰이는

I'll be right there.

바로 거기로 갈게요.

3 이번엔 조금 있어 보이는 표현이에요. 'count ~ in'은 '~을 포함시키다'라는 뜻으로 참석이나 참여의 의지를 나타낼 때 쓸 수 있어요.

이것까지 알면 자신감 UP!

You can count me in.

저도 참석하는 것으로 쳐주세요.

STEP 2 손끝으로 집중하기

다음 문장을 소리 내어 읽으면서 가볍게 따라 써보세요.

I'll be there.

I'll be right there.

You can count me in.

STEP 3 입에서 터트리기

050-2.mp3

앞에서 학습한 표현에 집중하면서 다음 대화를 듣고 실제 상황처럼 말해보세요.

A: Jerry! Ready for Saturday?
제리! 토요일 준비되었어요?

B: Sure, I'll be there. Do you need anything else?
그럼요, 갈게요. 또 뭐 필요하신 거 있을까요?

A: No, just beer.
아뇨. 그냥 맥주면 돼요.

B: OK, see you Saturday. Bye.
네. 그럼 토요일에 봐요. 안녕.

STAGE 6

Stage Review

앞에서 학습한 표현을 떠올리면서 빈칸에 들어갈 말을 생각해 보세요.

1. 지금 시간 있어요?
   Are you ______ now?

2. 언제쯤 시간이 나세요?
   When will you be ______?

3. 오늘 저녁에 할 일 있으세요?
   Do you have any ______ this evening?

4. 4시는 어때요?
   How ______ at four?

5. 주말에 무엇을 하시나요?
   What are you doing on the ______?

6. 내일 잠깐 들를게요.
   I'll come ______ tomorrow.

7. 할 일이 없어요.
   I have ______ to do.

8. 제주도에 가볼 계획이에요.
   I am ______ to visit Jeju Island.

9. 제시간에 오세요.
   Be on ______.

10. 바로 거기로 갈게요.
    I'll be ______ there.

정답 | 1. free 2. available 3. plans 4. about 5. weekend
6. by 7. nothing 8. planning 9. time 10. right

STAGE 7

초대·만남

051-070

051

You look so well.

얼굴 정말 좋아 보여요.

'좋아 보인다'라는 표현은 look well을 쓰면 가장 적절합니다. 여기서 괜히 우리말 '얼굴'이라는 말에 집착해서 face 같은 단어를 안 쓰는 게 중요해요.

STEP 1 머릿속에서 확장하기 051-1.mp3

1 look과 well 사이에 so를 넣으면 '정말 좋아 보인다'라는 의미가 돼요.

가장 빈번하게 쓰이는

You look so well.

얼굴 정말 좋아 보여요.

2 안색이 아니라 옷차림, 머리 모양 등을 칭찬할 때는 이렇게 말해요.

의외로 많이 쓰이는

You have such a good look.

정말 근사해 보여요.

3 million은 숫자 '백만'을 의미하지요. 따라서 a million bucks(백만 달러)는 우리 돈으로 대략 11억 원 정도의 엄청난 금액이에요. 이런 맥락에서 million을 써서 '너 백만장자처럼 보여.', '신수가 훤해.' 같은 의미로 딱인 표현을 만들 수 있어요.

이것까지 알면 자신감 UP!

You look like a million bucks.

신수가 훤하네요.

STEP 2 손끝으로 집중하기

다음 문장을 소리 내어 읽으면서 가볍게 따라 써보세요.

You look so well.

You have such a good look.

You look like a million bucks.

STEP 3 입에서 터트리기

051-2.mp3

앞에서 학습한 표현에 집중하면서 다음 대화를 듣고 실제 상황처럼 말해보세요.

A: Wow, you look so well.
와, 얼굴 정말 좋아 보여요.

B: Really? I don't eat meat these days.
정말요? 요즘 고기를 안 먹어요.

A: Is that your secret?
그게 당신의 비결이에요?

B: I don't know, but I'm much better now.
잘 모르겠지만, 훨씬 나아지긴 했어요.

052

I was about to say the same thing.

나도 같은 말을 하려고 했어요.

상대방이 얼굴 좋아졌다는 칭찬을 하면 나도 맞장구를 쳐줘야 대화가 이어지겠죠. '너도 좋아졌는데.'를 간단하게 'You, too.'라고 해도 되지만 어딘가 좀 부족해 보여요. 이런 상황에서 많이 쓰이는 표현을 몇 가지 알려드릴게요.

STEP 1 머릿속에서 확장하기

052-1.mp3

1 be about to는 '막 ~하려 하다'라는 뜻이에요. 상대에 대한 칭찬이 한발 늦었다면 be about to say the same thing으로 '나도 막 같은 말을 하려고 했다.'라면서 대화를 이어보세요.

I was about to say the same thing.

나도 같은 말을 하려고 했어요.

2 '내가 하려던 말을 네가 대신 해주었다'라고 해도 같은 의미가 되겠지요? 좀 더 친밀한 관계일 때 이렇게 말하면 유머러스한 느낌까지 줄 수 있는 일석이조의 표현이 돼요.

의외로 많이 쓰이는

You took the words out of my mouth.

제가 할 말을 대신 하셨네요.

3 다음은 '어! 어떻게 내 생각을 알아챘지?'라는 뜻으로 간단하면서도 분위기를 화기애애하게 하는 센스 있는 표현이에요.

이것까지 알면 자신감 UP!

You read my mind.

제 마음을 읽었군요.

STEP 2 손끝으로 집중하기

다음 문장을 소리 내어 읽으면서 가볍게 따라 써보세요.

I was about to say the same thing.

You took the words out of my mouth.

You read my mind.

STEP 3 입에서 터트리기

052-2.mp3

앞에서 학습한 표현에 집중하면서 다음 대화를 듣고 실제 상황처럼 말해보세요.

A: I'm starving!
배고파 죽겠어요!

B: I bought an extra hamburger for you. Here you go.
햄버거 하나 더 샀어요. 여기 있어요.

A: You read my mind! Thanks so much!
제 마음을 읽으셨네요! 고마워요.

B: Yup, I totally read your mind, didn't I?
넵. 제가 당신 마음을 제대로 읽었네요. 그렇지 않나요?

053

Come and see me.

놀러 오세요.

'놀러 오라'라는 우리말을 그대로 영어로 옮기면 'Come and play with me.'가 딱 맞겠지만, 사실 놀러 오라고 할 때의 진짜 의미는 '방문해 달라', '만나러 오라'라는 거겠죠?

STEP 1 머릿속에서 확장하기

053-1.mp3

1 영어로 '날 보러 오라'라는 말이 우리말로 하면 '놀러 오라'라는 말과 제일 가까운 의미랍니다.

가장 빈번하게 쓰이는

Come and see me.

놀러 오세요.

2 '놀러 오라'라는 말은 보통 친한 사이에 '집에 와서 같이 놀자'라는 의미일 때가 많아요. 그럴 때 stop by(~에 들르다)라는 말도 자주 쓰여요.

의외로 많이 쓰이는

Please stop by my house.

우리 집에 와주세요.

3 stop by 대신 drop by도 같은 의미입니다. 앞에 why don't you를 붙이면 좀 더 간접적으로 부드럽게 '놀러 와'라는 말을 전할 수 있어요.

이것까지 알면 자신감 UP!

Why don't you drop by?

한번 들르는 게 어때요?

STEP 2 손끝으로 집중하기

다음 문장을 소리 내어 읽으면서 가볍게 따라 써보세요.

Come and see me.

Please stop by my house.

Why don't you drop by?

STEP 3 입에서 터트리기

053-2.mp3

앞에서 학습한 표현에 집중하면서 다음 대화를 듣고 실제 상황처럼 말해보세요.

A: When is your day off?
쉬는 날이 언제예요?

B: I'm off on weekends.
주말엔 쉬어요.

A: If you're not doing anything, come and see me.
아무 일 없으면 우리 집에 들러주세요.

B: Yes, I will.
그럴게요.

054

Would you join me for dinner?

저녁 식사 같이 할래요?

이제 좀 친한 사이에서 할 수 있는 대화를 더 알아보아요. '라면 먹고 갈래?' 같은 말을 좀 더 일반적인 뉘앙스로 하고 싶다면 다음과 같이 해보세요.

STEP 1 머릿속에서 확장하기 054-1.mp3

1 저녁 초대는 바로 이렇게 직접적으로 얘기하면 돼요.

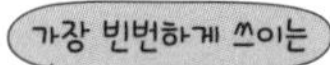

Would you join me for dinner?
저녁 식사 같이 할래요?

2 Let's를 앞에 붙이면 '뭘 좀 하자!'라는 청유형이 되는데 적절하게 사용하면 보다 친밀한 느낌을 줄 수 있어요.

의외로 많이 쓰이는

Let's have dinner together.
함께 저녁 먹어요.

3 Shall we는 '우리 ~할까요?' 하고 제안이나 권유하는 표현으로 Let's와 아주 비슷한 의미인데 좀 더 정중한 느낌이 있어요.

이것까지 알면 자신감 UP!

Shall we have dinner together?
함께 저녁 먹을래요?

STEP 2 손끝으로 집중하기

다음 문장을 소리 내어 읽으면서 가볍게 따라 써보세요.

Would you join me for dinner?

Let's have dinner together.

Shall we have dinner together?

STEP 3 입에서 터트리기

054-2.mp3

앞에서 학습한 표현에 집중하면서 다음 대화를 듣고 실제 상황처럼 말해보세요.

A: Are you hungry?
배고파요?

B: Yes, of course.
네. 물론이에요.

A: Then, let's have dinner together!
그럼, 함께 저녁 먹어요.

B: Why not? Let's go now.
좋아요. 지금 가시죠.

055

Would you go out with me?

나랑 만나볼래요?

데이트를 신청하고 싶을 때 영어로는 어떻게 할까요? 우리도 직접 대놓고 '데이트할래요?' 라고 묻지는 않죠. 그러면 영어식으로 자연스러운 데이트 신청 방법은 뭐가 있는지 알아볼까요?

STEP 1 머릿속에서 확장하기 055-1.mp3

1 보통 '~와 데이트를 하다'는 go out with가 가장 적당한 표현이에요. 일반적으로 데이트는 밖에 나가서 하니까요.

가장 빈번하게 쓰이는

Would you go out with me?

나랑 만나볼래요? (나랑 데이트할래요?)

2 마음에 드는 이성을 만났을 때, 커피 한잔하자고 하는 것도 적절한 데이트 신청이라고 볼 수 있어요.

의외로 많이 쓰이는

Would you care for a cup of coffee?

커피 한잔하실래요?

3 보통 주중에는 공부하거나 일하고, 데이트는 아무래도 주말에 많이 하겠죠? 이렇게 우회적으로 주말에 뭐 하는지 물어보는 것도 좋은 방법이에요.

이것까지 알면 자신감 UP!

What are you doing this weekend?

이번 주말에 뭐 하세요?

STEP 2 손끝으로 집중하기

다음 문장을 소리 내어 읽으면서 가볍게 따라 써보세요.

Would you go out with me?

Would you care for a cup of coffee?

What are you doing this weekend?

STEP 3 입에서 터트리기

055-2.mp3

앞에서 학습한 표현에 집중하면서 다음 대화를 듣고 실제 상황처럼 말해보세요.

A: **Would you go out with me?**
나랑 만나볼래요?

B: You must be kidding.
농담이시겠죠?

A: Oh, come on.
제발요.

B: I'm sorry. I already have a boyfriend.
미안해요. 남자친구가 있어요.

056

I want you to stay a little longer.

조금 더 있다 가세요.

오랜만에 만났는데 그냥 바로 보내기엔 조금 섭섭하죠? 꼭 그렇진 않더라도 예의상으로라도 '조금 더 있다 가라'라고 얘기해주면 좋은 인상을 줄 수 있어요.

STEP 1 머릿속에서 확장하기

056-1.mp3

1 함께 있어달라는 말로 자신의 감정을 효과적으로 전달할 수가 있어요.

가장 빈번하게 쓰이는

I want you to stay a little longer.

좀 더 함께 있어주세요. (조금 더 있다 가세요.)

2 너무 직접적인 표현 같지만 좀 더 정확하게 표현해야 한다면 이렇게 말해요.

의외로 많이 쓰이는

Please don't leave so soon.

그렇게 빨리 가지 마세요.

3 다음은 정확하게 노래 가사 수준이에요. 좀 오글거릴 수도 있으니까 많이 가까운 사이에 쓰는 게 좋아요.

이것까지 알면 자신감 UP!

Can't you stay just a little bit longer?

좀 더 있다 가시면 안 돼요?

STEP 2 손끝으로 집중하기

다음 문장을 소리 내어 읽으면서 가볍게 따라 써보세요.

I want you to stay a little longer.

Please don't leave so soon.

Can't you stay just a little bit longer?

STEP 3 입에서 터트리기

056-2.mp3

앞에서 학습한 표현에 집중하면서 다음 대화를 듣고 실제 상황처럼 말해보세요.

A: It's getting late. I'd better go.
늦었네요. 가봐야겠어요.

B: So soon? **I want you to stay a little longer.**
그렇게 빨리요? 좀 더 있으시지.

A: Actually, I have to watch the soccer game on TV.
사실은 TV로 축구 경기를 봐야 해서요.

B: Why is that important?
왜 그게 중요한데요?

057

I'll take you home.

집까지 바래다줄게요.

데이트를 하고 밤늦게 헤어질 때, 또는 집에 놀러 온 손님을 배웅할 때 쓸 수 있는 유용한 표현을 몇 가지 알아볼까요?

머릿속에서 확장하기

057-1.mp3

1 상대방과 친근한 사이라면 집까지 바래다준다고 이야기해볼까요?

가장 빈번하게 쓰이는

I'll take you home.

집까지 바래다줄게요.

2 배웅할 때 무난하게 쓸 수 있는 이 표현은 식당에서 오래 기다린 손님에게도 할 수 있는 격식 있는 표현이에요.

의외로 많이 쓰이는

I'll escort you.

바래다드릴게요.

3 집까지 바래다주는 게 서로에게 부담스럽다면? 지하철역까지는 좀 더 무난하겠죠?

이것까지 알면 자신감 UP!

I'll walk you to the subway.

지하철역까지 (같이 걸어서) 바래다줄게요.

STEP 2 손끝으로 집중하기

다음 문장을 소리 내어 읽으면서 가볍게 따라 써보세요.

I'll take you home.

I'll escort you.

I'll walk you to the subway.

STEP 3 입에서 터트리기

057-2.mp3

앞에서 학습한 표현에 집중하면서 다음 대화를 듣고 실제 상황처럼 말해보세요.

A: It's midnight already.
벌써 자정이네요.

B: Come on. **I'll take you home.**
가요. 제가 집까지 바래다드릴게요.

A: That's all right.
괜찮아요.

B: No, no. I'm on my way out, too!
아니에요. 저도 나가려던 참이었어요.

058

I really like him.

그 남자 진짜 마음에 들어요.

소개팅을 했는데 상대방이 너무 마음에 들어요. 그럴 땐 솔직하게 마음을 표현해야 해요.

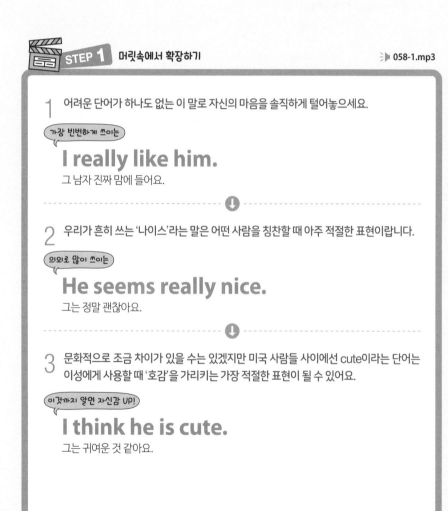

STEP 1 머릿속에서 확장하기

058-1.mp3

1 어려운 단어가 하나도 없는 이 말로 자신의 마음을 솔직하게 털어놓으세요.

가장 빈번하게 쓰이는

I really like him.

그 남자 진짜 맘에 들어요.

2 우리가 흔히 쓰는 '나이스'라는 말은 어떤 사람을 칭찬할 때 아주 적절한 표현이랍니다.

의외로 많이 쓰이는

He seems really nice.

그는 정말 괜찮아요.

3 문화적으로 조금 차이가 있을 수는 있겠지만 미국 사람들 사이에선 cute이라는 단어는 이성에게 사용할 때 '호감'을 가리키는 가장 적절한 표현이 될 수 있어요.

이것까지 알면 자신감 UP!

I think he is cute.

그는 귀여운 것 같아요.

STEP 2 손끝으로 집중하기

다음 문장을 소리 내어 읽으면서 가볍게 따라 써보세요.

I really like him.

He seems really nice.

I think he is cute.

STEP 3 입에서 터트리기

058-2.mp3

앞에서 학습한 표현에 집중하면서 다음 대화를 듣고 실제 상황처럼 말해보세요.

A: I heard you had a really good time.
듣기론 재미있는 시간 보냈다고 하던데요.

B: Yeah, **I think he is cute.**
네. 그는 귀여운 것 같아요.

A: And next?
그럼 다음은요?

B: I'm gonna meet him again in an hour.
한 시간 후에 그를 다시 만날 거예요.

059

I have plans.

약속이 있어요.

'약속'이라는 단어는 사전을 찾아보면 appointment, meeting으로 나오기 때문에 대화에서도 그대로 쓰는 경우가 많아요. 하지만 이 단어들은 진짜 공식적인 행사나 업무상 약속을 가리킬 때 써야 해요.

STEP 1 머릿속에서 확장하기

059-1.mp3

1 그럼 일상에서 우리가 흔히 쓰는 약속과 관련된 표현을 알아봅시다. 여기서 plans 대신 a plan을 쓰면 '방안[계획]'이 있다는 뜻이니 주의하세요.

가장 빈번하게 쓰이는

I have plans.

약속이 있어요.

2 plan 대신 engagement란 단어를 쓰기도 해요. 좀 어려워 보이지만 일상생활의 다양한 약속이란 의미로는 plan보다 더 정확한 표현이에요.

의외로 많이 쓰이는

I already have an engagement.

이미 선약이 있어요.

3 좀 더 고급스럽게 표현하고 싶다면 약속 앞에 previous(이전의)를 넣어보세요. previous 대신 prior라는 단어를 쓰기도 해요.

이것까지 알면 자신감 UP!

I can't make it because of previous engagements.

선약 때문에 못 갈 거예요.

STEP 2 손끝으로 집중하기

다음 문장을 소리 내어 읽으면서 가볍게 따라 써보세요.

I have plans.

I already have an engagement.

I can't make it because of previous engagements.

STEP 3 입에서 터트리기

059-2.mp3

앞에서 학습한 표현에 집중하면서 다음 대화를 듣고 실제 상황처럼 말해보세요.

A: Sally, do you have any plans this weekend?
샐리, 이번 주말에 일정 있으세요?

B: **I have plans.**
약속이 있죠.

A: Oh, That's too bad. I know a very popular place.
아, 아깝네요. 정말 인기 있는 곳을 하나 알고 있는데.

B: Really? Where is that place?
정말요? 거기가 어딘데요?

060

Let's move.

시간을 바꿔봐요.

서로 시간이 맞지 않을 때는 조율이 필요하죠. 그럴 때 유용하게 쓰이는 간단한 표현을 몇 가지 알아볼까요?

STEP 1 머릿속에서 확장하기

060-1.mp3

1 move 하면 보통 '움직이다'라는 뜻으로 많이들 알고 있죠? 맞아요. 그럼 시간을 움직이게 하는 것도 가능하니까 move로 시간을 변경해보세요.

가장 빈번하게 쓰이는

Let's move.

시간을 옮기죠. (시간을 바꿔봐요.)

2 상황에 맞게 change만 써도 충분히 시간을 변경할 수 있어요. 물론 change 다음에 좀 더 구체적으로 the time을 쓰기도 하지만 실제로는 time을 빼고 change만 쓰는 경우가 훨씬 많아요.

의외로 많이 쓰이는

Can you change?

시간 바꿀 수 있나요?

3 두루 쓰이는 표현 말고 보다 정확하게 시간 변경을 말하고 싶다고요? 그렇다면 시간 변경과 관련된 모든 상황에 다 쓸 수 있는 reschedule을 활용하면 돼요.

이것까지 알면 자신감 UP!

Could we reschedule?

스케줄 좀 조정할 수 있을까요?

STEP 2 손끝으로 집중하기

다음 문장을 소리 내어 읽으면서 가볍게 따라 써보세요.

Let's move.

Can you change?

Could we reschedule?

STEP 3 입에서 터트리기

060-2.mp3

앞에서 학습한 표현에 집중하면서 다음 대화를 듣고 실제 상황처럼 말해보세요.

A: Why don't we have Tteokbokki for lunch?
점심으로 떡볶이 어때요?

B: Sure. Let's go there at 1 in the afternoon.
좋아요. 오후 1시에 가요.

A: There are too many people at that time.
그 시간엔 사람이 너무 많아요.

B: Oh, you're right. **Let's move.**
아, 맞아요. 다른 때에 가죠.

061

Things happened to me.

사정이 있었어요.

우리도 자주 쓰는 말인데, '사정이 있었다'는 영어로 어떻게 말해야 할까요? 사실 이런 말이 간단하면서도 제일 어려워요. '사정이란 말을 어떻게 표현하지?' 하는 사이에 이미 기차는 떠나고 말죠.

STEP 1 머릿속에서 확장하기

061-1.mp3

1 thing은 일반적으로 '물건, 것'을 의미하지만, 이처럼 '상황, 사정'을 나타내기도 해요.

Things happened to me.

일[사정]이 있었어요.

2 thing보다 something이란 단어를 쓰게 되면 좀 더 '중요한 일'이라는 것을 부각시킬 수 있어요.

의외로 많이 쓰이는

Something came up.

중요한 일이 있어서요.

3 사정이 생겨서 그러니 '한번 봐달라' 혹은 '눈 감아달라'라는 말도 같이 기억해두세요.

이것까지 알면 자신감 UP!

Have a heart.

한번 봐주세요.

STEP 2 손끝으로 집중하기

다음 문장을 소리 내어 읽으면서 가볍게 따라 써보세요.

Things happened to me.

Something came up.

Have a heart.

STEP 3 입에서 터트리기

061-2.mp3

앞에서 학습한 표현에 집중하면서 다음 대화를 듣고 실제 상황처럼 말해보세요.

A: Thomas, can you lend me some money?
토마스, 돈 좀 빌려줄 수 있어요?

B: No, I don't have money.
아뇨. 돈이 없어요.

A: Come on, **have a heart.** I really need a new camera.
제발요. 한번 봐주세요. 새 카메라 꼭 사야 해요.

B: I'm sorry.
미안해요.

062

Welcome to my home!

저희 집에 잘 오셨어요!

침묵 속 어색한 공기는 누구나 견디기 힘들죠. 그럴 때 단순한 hi나 hello보다 좀 더 친근한 인사말을 활용하면 분위기 전환에 도움이 될 수 있어요.

머릿속에서 확장하기 062-1.mp3

1 손님이 집으로 왔어요. 방문을 진심으로 환영하면서 맞이하는 것이 좋겠죠. 이때 '집'은 house보다 home으로 쓰는 게 일반적입니다.

Welcome to my home!

저희 집에 잘 오셨어요!

2 '오다'에 해당하는 영어 단어는 come이죠? 온 것을 환영하는 인사이므로 come이 아닌 과거형 came을 써줘야 정확한 표현이라는 것을 잊지 마세요.

의외로 많이 쓰이는

I'm glad you came.

오셔서 기뻐요.

3 have를 이용해 방문한 사실을 좀 더 정확하게 나타낼 수 있어요. have you visit us 대신에 have you visiting us로 써도 되고, 더 간단히 have you here라고 해도 돼요.

이것까지 알면 자신감 UP!

I'm happy to have you visit us.

우리 집에 방문해주셔서 기뻐요.

STEP 2 손끝으로 집중하기

다음 문장을 소리 내어 읽으면서 가볍게 따라 써보세요.

Welcome to my home!

I'm glad you came.

I'm happy to have you visit us.

STEP 3 입에서 터트리기

062-2.mp3

앞에서 학습한 표현에 집중하면서 다음 대화를 듣고 실제 상황처럼 말해보세요.

A: Welcome to my home, Tom. Did you read my writing?
저희 집에 잘 오셨어요, 톰 씨. 제가 쓴 글 읽어보셨어요?

B: Oh, yes, Hayeon. I really liked your story about the boy and his dog.
네, 하연 씨. 소년과 개에 관해 당신이 쓴 이야기가 정말 좋았어요.

A: I'm glad you liked it. I worked really hard.
마음에 드셨다니 다행이네요. 열심히 썼거든요.

B: I think you are very good at writing.
글을 정말 잘 쓰시는 거 같아요.

063

Thank you for your kind invitation.

초대해주셔서 고맙습니다.

감사의 표현은 앞에서도 배웠는데 그럼 조금만 더 응용해서 초대받은 상황에서 감사를 표하는 방법을 알아볼까요?

STEP 1 머릿속에서 확장하기

063-1.mp3

1 우리가 알고 있는 thank you 뒤에 '초대해줘서'라는 말만 덧붙이면 돼요. 다음과 같이 kind를 넣어주면 보다 친근한 표현이 돼요.

가장 빈번하게 쓰이는

Thank you for your kind invitation.

초대해주셔서 고맙습니다.

2 상대방에게 감사를 전할 때 nice나 kind 등으로 칭찬하며 간접적으로 고마운 마음을 표할 수 있어요.

의외로 많이 쓰이는

It is very nice of you to invite us.

저희를 초대해주셔서 감사합니다. (저희를 초대하시다니 당신은 참 친절하시군요.)

3 보통 '초대하다'라고 하면 invite를 떠올리는데 실제로 더 많이 쓰이는 표현이 있어요. have me here라고 하면 '저를 초대해줘서'라는 세련된 표현이 된답니다.

이것까지 알면 자신감 UP!

Thank you very much for having me here tonight.

오늘 밤 초대해주셔서 감사합니다.

STEP 2 손끝으로 집중하기

다음 문장을 소리 내어 읽으면서 가볍게 따라 써보세요.

Thank you for your kind invitation.

It is very nice of you to invite us.

Thank you very much for having me here tonight.

STEP 3 입에서 터트리기

063-2.mp3

앞에서 학습한 표현에 집중하면서 다음 대화를 듣고 실제 상황처럼 말해보세요.

A: Happy birthday, Eddy! **Thank you for your kind invitation.**
생일 축하해요, 에디! 초대해주셔서 감사해요.

B: Thanks for coming. You look very pretty in that dress.
와주셔서 고마워요. 그 드레스 정말 잘 어울려요.

A: I got it especially for today. Here, this is for you.
오늘을 위해 특별히 마련한 거예요. 자, 여기 선물요.

B: Thanks. Can I open it now?
고마워요. 지금 열어봐도 돼요?

064

It's very good.

진짜 맛있네요.

'맛있다'라는 말은 우리도 자주 하는 말인데 영어로 하려고 하면 갑자기 떠오르지 않죠. 그럴 땐 좋은 상황에 두루두루 쓰이는 단어를 떠올려보세요.

STEP 1 머릿속에서 확장하기

064-1.mp3

1 맞아요. 머릿속에 맨 처음 떠오르는 그 단어. 바로 good으로도 맛있다는 표현을 할 수 있어요.

가장 빈번하게 쓰이는

It's very good.

진짜 맛있네요.

2 '맛있는'을 사전에서 찾아보면 delicious가 나와요.

의외로 많이 쓰이는

This is delicious.

이거 맛있네요.

3 '맛있는'의 또 다른 표현은 tasty인데요. taste라는 단어는 많이 봤어도 tasty는 조금 생소할 수도 있어요. 하지만 tasty도 맛있다고 할 때 실제로 정말 많이 쓰이니까 같이 알아두세요. 더 친근한 말로 yummy도 있으니 상황에 맞게 잘 사용하세요.

이것까지 알면 자신감 UP!

It's tasty.

맛이 좋네요.

STEP 2 손끝으로 집중하기

다음 문장을 소리 내어 읽으면서 가볍게 따라 써보세요.

It's very good.

This is delicious.

It's tasty.

STEP 3 입에서 터트리기

064-2.mp3

앞에서 학습한 표현에 집중하면서 다음 대화를 듣고 실제 상황처럼 말해보세요.

A: Sophie, what is that?
소피, 그게 뭐예요?

B: It's Galbitang.
갈비탕이에요.

A: Oh, I love it. **It's tasty.**
제가 정말 좋아해요. 맛있어요.

B: I'm glad you like it.
마음에 들어 하셔서 다행이에요.

065

I like to cook food.

저는 요리하는 것을 좋아해요.

자신의 취미, 특기, 장점 등을 얘기하면서 긍정적인 점을 내세우는 것은 상대방에게 호감을 갖게 하는 좋은 방법이에요. 단, 지나친 과장은 금물!

STEP 1 머릿속에서 확장하기

065-1.mp3

1 취향이나 취미 등을 소개할 때 'I like to ~' 또는 'I like -ing' 패턴을 쓰는데요. 이제 내가 뭘 좋아하는지 얘기해봐요.

가장 빈번하게 쓰이는

I like to cook food.

저는 요리하는 것을 좋아해요.

2 be good at은 '~을 잘한다'라는 뜻으로 단순히 어떤 일을 잘한다는 의미를 넘어서 '좋아하는 일을 능숙하게 한다'라는 의미까지 포함해요.

의외로 많이 쓰이는

I am good at cooking.

저 요리 잘해요.

3 조금 더 구체적으로 표현하는 방식을 익혀봅시다. 요리 중에서 특히 '생선 요리'를 잘한다고 말하고 싶다면? 쉬운 단어인 do를 쓰면 의외로 아주 근사한 표현이 된답니다.

이것까지 알면 자신감 UP!

I do fish well.

저 생선 요리는 끝내주게 해요.

STEP 2 손끝으로 집중하기

다음 문장을 소리 내어 읽으면서 가볍게 따라 써보세요.

I like to cook food.

I am good at cooking.

I do fish well.

STEP 3 입에서 터트리기

065-2.mp3

앞에서 학습한 표현에 집중하면서 다음 대화를 듣고 실제 상황처럼 말해보세요.

A: It smells so good. What are you making?
냄새 좋네요. 무얼 만들고 계세요?

B: I am making some pancakes.
팬케이크 만들고 있어요.

A: They look so great. Isn't it hard?
근사해 보이네요. 만들기 어렵지 않나요?

B: No, not at all. **I like to cook food.**
아뇨, 전혀요. 저는 요리하는 것을 좋아해요.

066

I eat just about everything.

아무거나 다 잘 먹어요.

'뭐 먹을까?'라는 질문에 '다 괜찮아.'라고 많이들 답하죠. 영어로는 어떻게 하면 될까요?

STEP 1 머릿속에서 확장하기

066-1.mp3

1 '다 괜찮다', '다 좋아한다'는 eat everything만으로도 충분히 말이 통할 수 있지만, 잘못 들으면 '다 먹어 치우겠다'라는 좀 섬뜩한 느낌도 들 수 있으니까 가운데 살짝 just about을 넣어서 말해주세요.

가장 빈번하게 쓰이는

I eat just about everything.

아무거나 다 잘 먹어요.

2 picky(까다로운)라는 단어도 '음식에 까다롭지 않다'라고 할 때 종종 쓰여요. 이 표현은 공손한 느낌을 줄 수 있어요.

의외로 많이 쓰이는

I'm not picky about my food.

저는 음식을 가리지 않아요.

3 다음은 please(기쁘게 하다, 기분을 맞추다)를 써서 음식뿐만 아니라 다른 어떤 것도 털털하게 받아들이는 뉘앙스를 전달할 수 있는 아주 좋은 표현이에요. 음악적 취향, 좋아하는 영화 등에도 이렇게 말하면 된답니다.

이것까지 알면 자신감 UP!

I am easy to please.

그냥저냥 다 좋아요. (저는 비위 맞추기에 쉬운 사람이에요.)

STEP 2 손끝으로 집중하기

다음 문장을 소리 내어 읽으면서 가볍게 따라 써보세요.

I eat just about everything.

I'm not picky about my food.

I am easy to please.

STEP 3 입에서 터트리기

066-2.mp3

앞에서 학습한 표현에 집중하면서 다음 대화를 듣고 실제 상황처럼 말해보세요.

A: What shall we eat for lunch? Korean food or Chinese food?
점심 뭐 먹을까요? 한식 아니면 중식?

B: **I'm easy to please.** Whatever you say!
난 다 잘 먹어요. 원하는 걸로 하세요.

A: Then, how about Korean food?
그럼 한식 어때요?

B: That's okay with me.
네, 좋아요.

067

I'm finished.

다 먹었어요.

'다 먹었다?' 일단, everything 아니면 all이라는 단어가 먼저 떠오르죠? 그리고 먹었다고 하면 무조건 eat을 써야 할 것 같죠? 그런데 어쩐지 영어로는 딱 안 떨어지는 느낌. 자, 이렇게 말해봅시다.

STEP 1 머릿속에서 확장하기

067-1.mp3

1 식사를 다 마친 상황에서 finish(끝내다)를 쓰면 '다 먹었다'라는 의미를 간단히 전할 수 있어요.

가장 빈번하게 쓰이는

I'm finished.

다 먹었어요.

2 다음은 실제로 영어권에서 finish보다 좀 더 자주 쓰이는 표현이에요.

의외로 많이 쓰이는

I'm done.

저 끝났어요. (다 먹었어요.)

3 간단한 표현이지만 다른 표현을 하나 추가해 봅시다. 근데 이 표현을 쓸 땐 좀 조심하세요. 이런 표현을 쓰면 그다음엔 당신이 원어민인 줄 알고 막 빠르게 말을 걸어올지도 몰라요.

이것까지 알면 자신감 UP!

I'm through.

싹 해치웠어요.

STEP 2 손끝으로 집중하기

다음 문장을 소리 내어 읽으면서 가볍게 따라 써보세요.

I'm finished.

I'm done.

I'm through.

입에서 터트리기

067-2.mp3

앞에서 학습한 표현에 집중하면서 다음 대화를 듣고 실제 상황처럼 말해보세요.

A: Can I have some dessert too, please?
디저트 좀 주세요.

B: Did you finish your salad?
샐러드는 다 드셨어요?

A: Yes, **I'm done.**
네, 다 먹었어요.

B: Good! Here you are.
네. 여기 있습니다.

068

I have to go now.

지금 가야 해요.

얘기를 하다가 중간에 갑자기 일이 생길 수 있죠. 아니면 이제 모든 일을 마무리해서 정말로 가야 할 때 그냥 무조건 짐을 싸고 일어나면 상대방이 오해를 할 수도 있어요. 그럴 때 한마디 하고 가방을 살짝 들어봅시다.

머릿속에서 확장하기

068-1.mp3

1 다음과 같이 간단히 말해요.

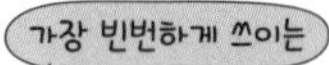

I have to go now.

지금 가야 해요.

2 그런데 그냥 간다고 하면 다소 예의 없게 보일 수도 있어요. 이럴 때 원어민들이 앞에 붙이길 아주 좋아하는 I'm afraid(유감입니다)를 써주면 금상첨화! 공손한 느낌을 줄 수 있어요.

의외로 많이 쓰이는

I'm afraid I have to go now.

죄송하지만 지금 가야 할 거 같아요.

3 원어민들은 get이라는 단어를 거의 무의식적으로 많이 써요. '가야겠다'라고 할 때 get going이라고 한답니다. '~하는 편이 낫겠다'라고 할 때 간단히 had['d] better를 쓴다는 거 잊지 마세요.

이것까지 알면 자신감 UP!

I'd better get going now.

저는 지금 가는 게 나을 거 같아요.

STEP 2 손끝으로 집중하기

다음 문장을 소리 내어 읽으면서 가볍게 따라 써보세요.

I have to go now.

I'm afraid I have to go now.

I'd better get going now.

STEP 3 입에서 터트리기

068-2.mp3

앞에서 학습한 표현에 집중하면서 다음 대화를 듣고 실제 상황처럼 말해보세요.

A: It's stopped raining. I have to go now.
비가 멈췄네요. 지금 가야겠어요.

B: Wanna come with me? I need some fresh air.
저랑 같이 가실래요? 바람 좀 쐬고 싶어요.

A: Oh, no. It's raining again.
아, 안 돼. 비가 다시 오네요.

B: Really? It changes a lot.
정말요? 정말 오락가락하네요.

Did you have fun today?

오늘 즐거웠어요?

누군가를 모임 등에 초대했을 때 정말 상대방이 즐거운 시간을 보냈는지, 내가 괜히 시간을 뺏은 건 아닌지 신경 쓰이곤 하죠. 이 멘트를 할 땐 조금 멋쩍더라도 다정한 말투가 필수예요.

머릿속에서 확장하기

069-1.mp3

1 상대가 즐거웠는지 궁금할 때 이렇게 물어보세요.

Did you have fun today?

오늘 즐거웠어요?

2 fun은 단순히 '재미'와 '즐거움'만을 얘기할 때가 많기 때문에 good을 이용해 좀 더 무난한 표현을 해볼게요.

의외로 많이 쓰이는

Did you have a good time today?

오늘 좋은 시간 보냈어요?

3 오늘 즐거웠는지 물어보는 게 정말 '질문'을 위한 말은 아닐 때가 대부분일 거예요. 헤어질 때 마지막으로 덧붙이는 인사일 때가 많아요. 그럴 땐 이렇게 마무리해보면 어떨까요?

이것까지 알면 자신감 UP!

I hope you had a good time.

좋은 시간이었기를 바랍니다.

STEP 2 손끝으로 집중하기

다음 문장을 소리 내어 읽으면서 가볍게 따라 써보세요.

Did you have fun today?

Did you have a good time today?

I hope you had a good time.

STEP 3 입에서 터트리기

069-2.mp3

앞에서 학습한 표현에 집중하면서 다음 대화를 듣고 실제 상황처럼 말해보세요.

A: Listen. I'd better get going now.
자, 지금 가야겠어요.

B: Well, I hope you had a good time.
아, 좋은 시간 보내셨는지 모르겠어요.

A: I really enjoyed it tonight.
오늘 밤 정말 좋았어요.

B: Come and see us again.
또 놀러 오세요.

070

Come and see us often.

자주 오세요.

이제 좀 친해졌으니까 단순한 작별 인사보다 조금 더 친근하게 표현해보세요.

STEP 1 머릿속에서 확장하기

070-1.mp3

1 상투적이지 않은 '또 보자'라는 말은 이렇게 해요.

가장 빈번하게 쓰이는

Come and see us often.

자주 오세요. (다시 만나요.)

2 앞에서 배운 I hope을 여기서도 활용할 수 있어요.

의외로 많이 쓰이는

I hope you'll come again.

다시 오시길 바랍니다.

3 상대방을 배려하는 따뜻한 표현과 함께 배웅해주면 상대방은 정말 감동할 거예요.

이것까지 알면 자신감 UP!

I'll see you to the door.

문까지 바래다 드릴게요.

STEP 2 손끝으로 집중하기

다음 문장을 소리 내어 읽으면서 가볍게 따라 써보세요.

Come and see us often.

I hope you'll come again.

I'll see you to the door.

STEP 3 입에서 터트리기

070-2.mp3

앞에서 학습한 표현에 집중하면서 다음 대화를 듣고 실제 상황처럼 말해보세요.

A: Come and see us often.
자주 오세요.

B: Keep me informed of the progress.
진행되는 상황 계속 알려주세요.

A: I will. I promise.
네. 약속드릴게요.

B: Well, goodbye. Drop me a line.
잘 가세요. 연락 주세요.

Stage Review

앞에서 학습한 표현을 떠올리면서 빈칸에 들어갈 말을 생각해 보세요.

1. 나도 같은 말을 하려고 했어요.
   I was ______ to say the same thing.

2. 커피 한잔하실래요?
   Would you ______ for a cup of coffee?

3. 지하철역까지 (같이 걸어서) 바래다줄게요.
   I'll ______ you to the subway.

4. 선약 때문에 못 갈 거예요.
   I can't ______ it because of previous engagements.

5. 일[사정]이 있었어요.
   ______ happened to me.

6. 저희를 초대해주셔서 감사합니다.
   It is very nice ______ you to invite us.

7. 저 요리 잘해요.
   I am ______ at cooking.

8. 저는 음식을 가리지 않아요.
   I'm not ______ about my food.

9. 저는 지금 가는 게 나을 거 같아요.
   I'd ______ get going now.

10. 오늘 즐거웠어요?
    Did you have ______ today?

정답 | 1. about 2. care 3. walk 4. make 5. Things
6. of 7. good 8. picky 9. better 10. fun

STAGE 8

식사·티타임

071-090

071

Do you know a good restaurant?

좋은 식당 알고 계세요?

뭐니 뭐니 해도 먹는 게 최고죠. 맛있는 음식과 함께라면 서먹한 사람과도 친해지게 될 확률이 높아질 수밖에 없어요. 그래서 흔히들 이야기하는 '맛집' 정보는 세상 어딜 가도 굉장히 중요한 법이죠.

머릿속에서 확장하기

071-1.mp3

1 좋은 식당? 그냥 말해볼게요. 우리가 알고 있는 바로 그 단어 good을 쓰면 돼요. 여러 가지 의미를 가리킬 수 있죠. 맛있는 식당, 분위기 좋은 식당, 리뷰가 좋은 식당 등 모두에 쓸 수 있어요.

가장 빈번하게 쓰이는

Do you know a good restaurant?

좋은 식당 알고 계세요?

2 너무 멀리까지 가지 않고 이 근처에서 좋은 식당을 추천받고 싶을 땐 맨 마지막에 near here를 붙여주세요.

의외로 많이 쓰이는

Is there a good restaurant near here?

근처에 좋은 식당이 있나요?

3 정확하게 특정 지역에 있는 식당을 콕 찍어 추천받고 싶다면 되도록 구체적으로 질문하는 게 중요해요.

이것까지 알면 자신감 UP!

What's a good restaurant in this town?

이 마을엔 좋은 식당 뭐가 있어요?

STEP 2 손끝으로 집중하기

다음 문장을 소리 내어 읽으면서 가볍게 따라 써보세요.

Do you know a good restaurant?

Is there a good restaurant near here?

What's a good restaurant in this town?

STEP 3 입에서 터트리기

071-2.mp3

앞에서 학습한 표현에 집중하면서 다음 대화를 듣고 실제 상황처럼 말해보세요.

A: Excuse me. Do you know a good restaurant near here?
실례해요. 근처에 좋은 식당 알고 있나요?

B: Sure. Go straight two blocks and turn right.
그럼요. 두 블록만 걸어가셔서 우회전하세요.

A: Turn right?
우회전요?

B: Yes. It's between the bus terminal and the museum.
네. 버스 터미널과 박물관 사이에 있어요.

072

We'd like to sit by the window.

창가에 앉고 싶어요.

이제 식당을 찾았으면 원하는 자리에 앉아봅시다.

STEP 1 머릿속에서 확장하기

072-1.mp3

1 would like to 패턴을 이용해서 어디에 앉고 싶은지 이야기하면 돼요.

가장 빈번하게 쓰이는

We'd like to sit by the window.

창가에 앉고 싶어요.

2 조금 더 정중하게 요청해볼까요?

의외로 많이 쓰이는

Could we have a seat by the window?

창가에 자리가 있을까요?

3 창가 자리를 원하는 경우는 크게 두 가지, 좋은 전망을 원하거나 아니면 사람이 많이 지나가지 않는 조용한 자리를 원할 때로 나눠지는데, 이번엔 후자 쪽에 비중을 두고 정확하게 물어볼게요.

이것까지 알면 자신감 UP!

We'd like to have a table in a quiet corner.

조용한 구석 쪽 테이블을 원해요.

STEP 2 손끝으로 집중하기

다음 문장을 소리 내어 읽으면서 가볍게 따라 써보세요.

We'd like to sit by the window.

Could we have a seat by the window?

We'd like to have a table in a quiet corner.

STEP 3 입에서 터트리기

072-2.mp3

앞에서 학습한 표현에 집중하면서 다음 대화를 듣고 실제 상황처럼 말해보세요.

A: We'd like to sit by the window. How long will we have to wait?
창가 자리를 원해요. 얼마나 기다려야 할까요?

B: Maybe 10 minutes or so.
10분쯤요.

A: Okay. Could we wait inside?
네. 안에서 기다릴 수 있을까요?

B: Oh, sure. Follow me.
그럼요. 따라오세요.

073

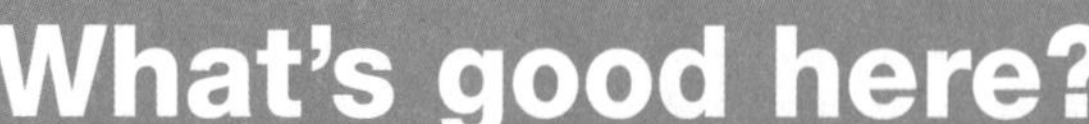

What's good here?

여기 뭐가 맛있어요?

메뉴를 봤는데도 도통 뭐를 먹어야 할지 모를 때 직원에게 뭐가 맛있는지 추천을 부탁할 수 있죠. 그런 상황에서 쓰이는 간단한 표현을 알아봅시다.

STEP 1 머릿속에서 확장하기

073-1.mp3

1 더 이상 '맛있다'라는 말에 너무 많은 에너지를 쏟지 마세요. 거의 모든 좋은 말에 다 쓰일 수 있는 good이 있잖아요.

What's good here?

여기 뭐가 맛있어요?

2 맛있는 음식을 추천해달라고 할 때 가장 좋은 표현은 recommend예요. 음식뿐만이 아니라 상황에 따라 무엇이든 추천해달라고 할 수 있는 아주 요긴한 단어랍니다.

의외로 많이 쓰이는

What would you recommend?

추천하시는 게 뭐가 있나요?

3 일단 칭찬으로 이야기를 시작하는 것은 에티켓의 첫걸음이에요. 어렵지는 않지만 생각보다 입에서 잘 나오지 않는 표현이니 여러 번 연습해보세요.

이것까지 알면 자신감 UP!

It all looks good. Any suggestions?

다 맛있어 보이네요. 뭐가 맛있을까요?

STEP 2 손끝으로 집중하기

다음 문장을 소리 내어 읽으면서 가볍게 따라 써보세요.

What's good here?

What would you recommend?

It all looks good. Any suggestions?

STEP 3 입에서 터트리기

073-2.mp3

앞에서 학습한 표현에 집중하면서 다음 대화를 듣고 실제 상황처럼 말해보세요.

A: It all looks good! Any suggestions?
다 맛있어 보여요. 뭐가 맛있나요?

B: Our seafood pasta is very popular.
우리 해산물 파스타가 아주 인기예요.

A: Oh, I got it. Hmm…
아, 알겠어요. 흠….

B: Would you like something to drink while you decide?
결정하실 동안 마실 걸 좀 드릴까요?

074

I'll have the spaghetti, please.

스파게티로 할게요.

어떤 음식을 먹을지 선택했다면 사실 간단하게 그 음식 이름만 말해도 돼요. 하지만 우리는 좀 더 매너 있게 표현해봅시다.

STEP 1 머릿속에서 확장하기

074-1.mp3

1 어떤 음식으로 하겠다고 할 때 동사 have 또는 try를 쓴다는 걸 잘 기억해두세요. 먹는다고 하면 무조건 eat부터 떠올리는 것은 이제 그만!

가장 빈번하게 쓰이는

I'll have the spaghetti, please.

스파게티로 할게요.

2 정중한 표현인 would like를 통해서도 주문할 음식을 표현할 수 있어요.

의외로 많이 쓰이는

I'd like the spaghetti, please.

스파게티 주세요.

3 정말 리얼한 상황! 우선 주문하고 싶은 게 있는데 발음이 잘 안 되고 어려울 땐 손가락으로 메뉴판의 음식명을 가리키면서 이렇게 말해보세요.

이것까지 알면 자신감 UP!

I'll have this, please.

저 이거 먹을게요.

손끝으로 집중하기

다음 문장을 소리 내어 읽으면서 가볍게 따라 써보세요.

I'll have the spaghetti, please.

I'd like the spaghetti, please.

I'll have this, please.

입에서 터트리기

074-2.mp3

앞에서 학습한 표현에 집중하면서 다음 대화를 듣고 실제 상황처럼 말해보세요.

A: May I take your order?
주문받을까요?

B: Yes, I'd like the spaghetti, please.
네. 스파게티 주세요.

A: Anything else?
다른 건요?

B: Ah, I almost forgot. I'll go for the Hawaiian pizza, too.
아, 깜빡할 뻔했네요. 하와이안 피자도 주세요.

075

I'll have the same.

같은 걸로 할게요.

외국을 여행할 때 현지 식단에 익숙지 않은 우리 입장에서는 활용도가 높은 매우 요긴한 표현이에요. '쌤쌤. (Same, same.)'이나 '미투. (Me, too.)' 같은 표현도 다 통하지만, 좀 더 완성도 있는 표현을 써보자고요.

STEP 1 머릿속에서 확장하기

075-1.mp3

1 일반적으론 이렇게 말해요.

가장 빈번하게 쓰이는

I'll have the same.

같은 걸로 할게요.

2 같은 단어 same을 썼는데 왜 어떤 사람이 말하면 콩글리시가 되고 어떤 사람이 말하면 진짜 영어가 되는 걸까요? 앞뒤에 어떤 양념을 추가할 수 있느냐가 비결이에요.

의외로 많이 쓰이는

Same here.

똑같은 걸로요.

3 좀 더 유창하게 보이고 싶다면 이렇게도 말할 수 있어요.

이것까지 알면 자신감 UP!

Make it two, please.

그거 두 개 주세요. (같은 걸로 주세요.)

STEP 2 손끝으로 집중하기

다음 문장을 소리 내어 읽으면서 가볍게 따라 써보세요.

I'll have the same.

Same here.

Make it two, please.

STEP 3 입에서 터트리기

075-2.mp3

앞에서 학습한 표현에 집중하면서 다음 대화를 듣고 실제 상황처럼 말해보세요.

A: Would you like to order now, ma'am?
지금 주문하시겠어요, 손님?

B: Yes, I'll have a T-bone steak. How about you, Mr. Kim?
네. 티본스테이크로 할게요. 미스터 김, 당신은요?

C: **I'll have the same.**
같은 걸로요.

A: Good choice! This is one of our signature menu.
훌륭한 선택이에요! 우리 시그니처 메뉴 중 하나죠.

076

I haven't decided yet.

아직 못 정했어요.

주문을 받으러 왔는데 조금 더 메뉴를 본 후 결정하고 싶을 때도 있죠. 그럴 땐 어떻게 하면 될까요?

머릿속에서 확장하기

076-1.mp3

1 아직 결정하지 못했다고 할 때 decide(결정하다)를 넣어 표현해보세요.

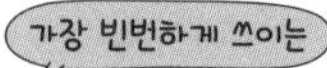

I haven't decided yet.

아직 못 정했어요.

2 이번엔 좀 간접적으로 표현하는 방법이에요. '아직 못 정했다' 대신 '아직 준비가 덜 되었다'로 표현할 수도 있어요.

의외로 많이 쓰이는

We're not ready yet.

준비가 덜 되었어요.

3 시간이 좀 더 필요하다고 할 때 'Will you give us a minute?'이나 'Could you give us a little more time?' 대신 간단히 말할 수 있는 표현이 있어요.

이것까지 알면 자신감 UP!

Just a moment, please.

잠깐만요.

STEP 2 손끝으로 집중하기

다음 문장을 소리 내어 읽으면서 가볍게 따라 써보세요.

I haven't decided yet.

We're not ready yet.

Just a moment, please.

STEP 3 입에서 터트리기

076-2.mp3

앞에서 학습한 표현에 집중하면서 다음 대화를 듣고 실제 상황처럼 말해보세요.

A: Would you like to order now, sir?
지금 주문하시겠어요, 손님?

B: I'm sorry. **I haven't decided yet. Just a moment, please.**
죄송해요. 아직 못 정했어요. 잠깐만요.

A: Sure, take your time.
그럼요. 천천히 하세요.

B: There's a lot on the menu.
메뉴가 다양하네요.

077

I don't eat meat.

전 고기는 안 먹어요.

먹지 못하거나 싫어하는 음식도 정확히 말해야 해요. 영어권에 가보면 우리나라보다 채식이 훨씬 더 보편화되어 있고 또 관련된 메뉴도 많아서 vegetarian(채식주의자: 달걀, 우유 등은 먹음), vegan(엄격한 채식주의자: 달걀과 우유도 먹지 않음)과 같은 표현도 심심찮게 듣게 될 거예요.

STEP 1 머릿속에서 확장하기 077-1.mp3

1 일단 내가 뭘 못 먹는지 얘기해볼까요?

가장 빈번하게 쓰이는

I don't eat meat.

전 고기는 안 먹어요.

2 정확하게 '고기를 먹지 않는 채식주의자'라고 하려면 이렇게 말하면 돼요.

의외로 많이 쓰이는

I'm a vegetarian.

전 채식주의자예요.

3 만일 달걀이나 우유도 먹지 않는 엄격한 채식주의자라면 어물쩍 넘어가지 말고 짧은 단어라도 정확하게 발음해주세요.

이것까지 알면 자신감 UP!

I'm a vegan.

저는 철저한 채식주의자예요.

STEP 2 손끝으로 집중하기

다음 문장을 소리 내어 읽으면서 가볍게 따라 써보세요.

I don't eat meat.

I'm a vegetarian.

I'm a vegan.

STEP 3 입에서 터트리기

077-2.mp3

앞에서 학습한 표현에 집중하면서 다음 대화를 듣고 실제 상황처럼 말해보세요.

A: Excuse me, sir. Would you like chicken or fish?
실례할게요. 닭고기 아니면 생선 중 뭐로 하실래요?

B: I don't want either of them.
둘 다 원하지 않아요.

A: But that's all we have for the meal.
하지만 이게 저희 음식의 전부라서요.

B: **I'm a vegetarian.** Do you have anything without meat?
제가 채식주의자라서요. 고기가 안 든 건 없나요?

078

I'm going to try something new.

색다른 걸 먹을 거예요.

외식할 때 맨날 먹는 것이 아닌 새로운 시도를 하고 싶을 때가 있죠. 특별한 표현을 사용해야 할 것 같지만 우리가 이미 알고 있는 말로 충분히 나타낼 수 있어요.

머릿속에서 확장하기

078-1.mp3

1 먹을 것뿐만 아니라 사고 싶은 것, 멋진 것 등 모든 '것'들을 가리킬 수 있는 단어는 바로 something이에요.

가장 빈번하게 쓰이는

I'm going to try something new.

색다른 걸 먹을 거예요.

2 something은 꾸며주는 말이 앞이 아니라 뒤에 붙는 특징이 있어요. something new처럼 something 뒤에 different를 붙여도 같은 표현이 됩니다.

의외로 많이 쓰이는

I want something different today.

오늘은 다른 걸로 먹어보고 싶어요.

3 something 뒤에 else를 붙여도 같은 의미가 되는데요. else는 철저하게 앞에 있는 표현에 의지해야만 의미가 꽃을 피울 수 있답니다.

이것까지 알면 자신감 UP!

I'll have something else.

다른 걸 먹을래요.

STEP 2 손끝으로 집중하기

다음 문장을 소리 내어 읽으면서 가볍게 따라 써보세요.

I'm going to try something new.

I want something different today.

I'll have something else.

STEP 3 입에서 터트리기

078-2.mp3

앞에서 학습한 표현에 집중하면서 다음 대화를 듣고 실제 상황처럼 말해보세요.

A: You like Jjajangmyeon?
짜장면 좋아해요?

B: Oh, **I want something different today.**
오늘은 다른 걸로 먹어보고 싶어요.

A: Hmm… How about Mapa Tofu?
그럼, 마파두부는 어때요?

B: Yes, that would be nice.
그게 좋겠네요.

079

I'll have what you suggest.

당신이 제안하는 걸로 할게요.

음식 선택에 자신이 없을 땐 상대에게 선택을 맡기는 것도 좋은 방법이죠.

STEP 1 머릿속에서 확장하기

079-1.mp3

1 상대방이 추천하는 걸로 먹겠다는 말은 이렇게 해요.

I'll have what you suggest.

당신이 제안하는 걸로 할게요.

2 '주문하시겠어요?'라는 말 뒤에 for me만 붙여줘도 순식간에 의미가 완전히 달라져 버려요. 대신 주문해달라는 말을 공손하게 표현해볼게요.

의외로 많이 쓰이는

Why don't you order for me?

주문 좀 도와주시겠어요?

3 '~을 대신해서'라는 뜻의 instead of를 쓰면 좀 딱딱하지만 아주 정확하게 의미를 전달할 수 있어요.

이것까지 알면 자신감 UP!

Could you order instead of me?

저 대신 주문해주시겠어요?

STEP 2 손끝으로 집중하기

다음 문장을 소리 내어 읽으면서 가볍게 따라 써보세요.

I'll have what you suggest.

Why don't you order for me?

Could you order instead of me?

STEP 3 입에서 터트리기

079-2.mp3

앞에서 학습한 표현에 집중하면서 다음 대화를 듣고 실제 상황처럼 말해보세요.

A: What are you going to have, Mr. Kim?
미스터 김, 뭘로 드실래요?

B: **I'll have what you suggest.**
당신이 추천하시는 걸로요.

A: I'd have the today's special if I were you.
제가 당신이라면 오늘의 요리로 할래요.

B: Really? Have you tried?
정말요? 먹어본 적 있어요?

Would you like something to drink?

마실 것 드릴까요?

음식을 주문하기 전에 마실 게 필요한지, 또는 음식과 함께 음료를 주문할지를 물을 수 있죠. 그것도 아니면 그냥 평상시에 갈증이 나는지를 물어볼 때도 자주 쓰이는 표현이 있어요.

머릿속에서 확장하기

080-1.mp3

1 평상시 영어회화 공부를 할 때 기본적으로 등장하는 바로 이 말!

가장 빈번하게 쓰이는

Would you like something to drink?

마실 것 드릴까요?

2 짧게 표현해봅시다. 이때 중요한 것은 맨 마지막을 올려서 읽어야 정확한 의미 전달이 가능하다는 점이에요.

의외로 많이 쓰이는

Something to drink?

마실 것 줄까요?

3 something 말고 다른 말로 표현해보고 싶다면 what으로 시작하면 돼요.

이것까지 알면 자신감 UP!

What would you like to drink?

마실 것은 뭘로 드릴까요?

STEP 2 손끝으로 집중하기

다음 문장을 소리 내어 읽으면서 가볍게 따라 써보세요.

Would you like something to drink?

Something to drink?

What would you like to drink?

STEP 3 입에서 터트리기

080-2.mp3

앞에서 학습한 표현에 집중하면서 다음 대화를 듣고 실제 상황처럼 말해보세요.

A: Popcorn, potato chips, and cookies.
팝콘, 감자칩, 그리고 쿠키가 있습니다.

B: I'll have cookies.
쿠키로 할게요.

A: Sure thing! **Would you like something to drink?**
좋아요. 마실 것은요?

B: Orange juice, please.
오렌지 주스로 주세요.

081

Coffee, please.

커피 주세요.

원하는 것 다음에 please만 붙여주면 끝. 간단하죠? 하지만 우리는 좀 더 완성도 높은 공손하고 정중한 표현을 몇 가지 더 알아봅시다.

STEP 1 머릿속에서 확장하기

081-1.mp3

1 please가 붙으니까 이렇게만 말해도 공손하긴 해요.

가장 빈번하게 쓰이는

Coffee, please.

커피 주세요.

2 무엇을 달라고 말할 때는 보통 have나 would like를 많이 쓰죠. 이왕 정확하게 말하는 거 coffee 앞에 a cup of를 붙여 '커피 한 잔' 달라고 해보세요.

의외로 많이 쓰이는

I'll have a cup of coffee.

커피 한 잔 주세요.

3 이번엔 would like to로 얘기해볼게요. 다만, 좀 줄여서 빨리 말해보세요.

이것까지 알면 자신감 UP!

I'd like a cup of coffee.

커피 한 잔 주세요.

STEP 2 손끝으로 집중하기

다음 문장을 소리 내어 읽으면서 가볍게 따라 써보세요.

Coffee, please.

I'll have a cup of coffee.

I'd like a cup of coffee.

STEP 3 입에서 터트리기

081-2.mp3

앞에서 학습한 표현에 집중하면서 다음 대화를 듣고 실제 상황처럼 말해보세요.

A: Excuse me, may I have a snack, please?
저, 뭐 좀 먹을 수 있을까요?

B: Yes, what would you like?
네. 뭘로 하실래요?

A: Peanuts and **coffee, please.**
땅콩하고 커피 좀 주세요.

B: Is there anything else?
다른 건요?

082

I need more water.

물 좀 더 주세요.

식당이나 카페에서 이런저런 이야기를 하다 보면 목이 마르죠. 이럴 땐 바로 이렇게 이야기합니다.

STEP 1 머릿속에서 확장하기

082-1.mp3

1 직접적으로 이렇게 말해보세요.

가장 빈번하게 쓰이는

I need more water.

물 좀 더 주세요.

2 좀 더 공손하게 표현하려면 May I로 시작하면 돼요.

의외로 많이 쓰이는

May I have more water?

물 좀 주시겠어요?

3 May I와 비슷한 표현으로 Could I가 있습니다. 여기에 more water 앞에 a little까지 붙여주면 아주 공손한 표현이 됩니다.

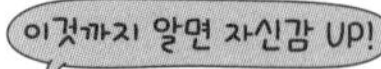

Could I have a little more water?

물 좀 더 마실 수 있을까요?

STEP 2 손끝으로 집중하기

다음 문장을 소리 내어 읽으면서 가볍게 따라 써보세요.

I need more water.

May I have more water?

Could I have a little more water?

STEP 3 입에서 터트리기

082-2.mp3

앞에서 학습한 표현에 집중하면서 다음 대화를 듣고 실제 상황처럼 말해보세요.

A: Is everything all right?
필요하신 거 없으세요?

B: **Could I have a little more water?**
물 좀 더 마실 수 있을까요?

A: Sure thing.
그럼요.

B: It's very kind of you.
매우 친절하시네요.

083

My order hasn't come yet.

주문한 게 아직 안 나왔어요.

주문한 지 한참 된 거 같은데 음식이 아직 안 나왔을 때 마냥 기다리기만 할 수는 없으니까 이럴 땐 직원을 불러서 정확하게 이야기해야 해요.

STEP 1 머릿속에서 확장하기

083-1.mp3

1 내가 '주문한 음식', 즉 my order를 넣어서 이렇게 말해요.

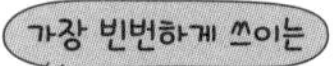

My order hasn't come yet.

주문한 게 아직 안 나왔어요.

2 주문했지만 결국 받지 못했다는 의미로 get을 쓰는 것도 가능한데요. 원어민들이 많이 쓰는 표현이기도 해요.

의외로 많이 쓰이는

I didn't get my order yet.

주문한 걸 아직 못 받았어요.

3 주문한 음식이 빨리 안 나올 때도 있겠지만 다른 엉뚱한 음식이 나왔을 때 쓸 수 있는 표현을 마지막으로 하나 더 배워볼게요.

이것까지 알면 자신감 UP!

I didn't order this.

저 이거 주문하지 않았는데요.

STEP 2 손끝으로 집중하기

다음 문장을 소리 내어 읽으면서 가볍게 따라 써보세요.

My order hasn't come yet.

I didn't get my order yet.

I didn't order this.

STEP 3 입에서 터트리기

083-2.mp3

앞에서 학습한 표현에 집중하면서 다음 대화를 듣고 실제 상황처럼 말해보세요.

A: Excuse me. **I didn't order this.** Could you please change it?
저, 이건 제가 주문한 게 아니에요. 바꿔주시겠어요?

B: I'm sorry, sir. I'll be right back.
죄송합니다. 바로 다시 내올게요.

A: Oh, wait! I changed my mind.
아, 잠깐만요! 마음이 바뀌었어요.

B: Yes. Please tell me what I have to do.
네. 그럼, 어떻게 도와드리면 될지 말씀해 주세요.

084

What would you like for dessert?

디저트로 뭘 드시겠어요?

주 요리(main dish)를 다 먹고 난 후에 보통 후식을 먹을지 물어보는데, 잘 듣고 대답하는 연습을 해봅시다. 디저트가 필요 없을 경우 'No, thank you. I'm full. (고맙지만 됐어요. 배가 불러요.)' 또는 'No, thank you. I had enough. (고맙지만 됐어요. 충분히 먹었어요.)'와 같은 식으로 답하면 돼요.

머릿속에서 확장하기

084-1.mp3

1 디저트[후식]로 뭘 먹을지는 일단 이렇게 물어봅니다.

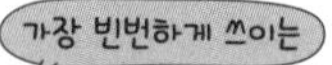

What would you like for dessert?

디저트로 뭘 드시겠어요?

2 '먹다'라는 말을 다르게 표현해볼게요.

의외로 많이 쓰이는

What will you have for dessert?

디저트로 뭘 드실래요?

3 좀 친근한 사이에서 간단히 디저트를 먹을지 여부를 물을 때는 이렇게 말하면 충분합니다.

이것까지 알면 자신감 UP!

Anything for dessert?

디저트 먹을래요?

STEP 2 손끝으로 집중하기

다음 문장을 소리 내어 읽으면서 가볍게 따라 써보세요.

What would you like for dessert?

What will you have for dessert?

Anything for dessert?

STEP 3 입에서 터트리기

084-2.mp3

앞에서 학습한 표현에 집중하면서 다음 대화를 듣고 실제 상황처럼 말해보세요.

A: **What would you like for dessert?**
디저트로 뭘 드시겠어요?

B: What kind of dessert do you have?
무슨 종류가 있어요?

A: We have vanilla ice cream, a chocolate tart, New York cheesecake, and apple pie.
바닐라 아이스크림, 초콜릿 타르트, 뉴욕 치즈케이크, 그리고 애플파이가 있습니다.

B: I'll have vanilla ice cream and a cup of coffee.
바닐라 아이스크림하고 커피 한 잔 주세요.

085

Let's have a toast!

건배합시다!

잔을 들고 할 수 있는 '건배' 제의는 괜스레 길게 얘기하면 어디서나 힘만 빠지고 재미없긴 마찬가지예요. 영어로도 간단히 해보세요.

STEP 1 머릿속에서 확장하기

085-1.mp3

1 우리가 다 아는 '건배'를 영어로는 이렇게 말해요.

가장 빈번하게 쓰이는

Cheers!

건배!

2 '토스트' 하면 제일 먼저 구운 식빵이 떠오르지만 건배 제의에 가장 가까운 단어가 사실 toast예요.

의외로 많이 쓰이는

Let's have a toast!

건배합시다!

3 점잖은 표현은 어디서나 재미없는 거 같아요. 하지만 공식 석상에서 쓸 수 있는 건배 제의를 하나 배워봐요. 여기서 '~을 위하여'는 for가 아닌 to를 쓰니 주의가 필요해요.

이것까지 알면 자신감 UP!

To happiness for all of you!

모두의 행복을 위하여!

STEP 2 손끝으로 집중하기

다음 문장을 소리 내어 읽으면서 가볍게 따라 써보세요.

Cheers!

Let's have a toast!

To happiness for all of you!

STEP 3 입에서 터트리기

085-2.mp3

앞에서 학습한 표현에 집중하면서 다음 대화를 듣고 실제 상황처럼 말해보세요.

A: You say it.
당신이 얘기해요.

B: **Let's have a toast!**
건배합시다!

A: Yes. To our future.
네. 우리 미래를 위해.

B: **Cheers!**
건배!

086

I've had enough.

잘 먹었습니다.

먹고 나서 그냥 숟가락을 놓는 것보다 무엇인가 자신의 만족감을 보여줄 수 있는 표현을 하면 좀 더 좋은 인상을 남길 수 있어요.

STEP 1 머릿속에서 확장하기

086-1.mp3

1 '먹다'라는 말엔 have를 쓰는 게 제일 좋아요.

가장 빈번하게 쓰이는

I've had enough.

잘 먹었습니다.

2 아침, 점심보다는 저녁때 이런 말을 하는 경우가 더 많을 거예요. 데이트나 접대의 경우엔 특히 이런 표현에 인색하면 안 돼요.

의외로 많이 쓰이는

That was an excellent dinner.

훌륭한 저녁 식사였습니다.

3 What (a/an)으로 시작해서 자신이 정말 만족했던 내용을 계속 이어 붙이면 멋진 감정 표현이 될 수 있어요.

이것까지 알면 자신감 UP!

What a delicious meal!

정말 맛있는 식사였군요!

STEP 2 손끝으로 집중하기

다음 문장을 소리 내어 읽으면서 가볍게 따라 써보세요.

I've had enough.

That was an excellent dinner.

What a delicious meal!

STEP 3 입에서 터트리기

086-2.mp3

앞에서 학습한 표현에 집중하면서 다음 대화를 듣고 실제 상황처럼 말해보세요.

A: **That was an excellent dinner.**
정말 멋진 저녁 식사였어요.

B: What was the best?
뭐가 제일 맛있었어요?

A: The pie is to my taste.
파이가 완전 제 취향 저격이네요.

B: Why don't I pack you some?
좀 싸드릴까요?

087

Check, please.

계산서 주세요.

식사를 마치고 이제 가야 할 시간이에요. 계산을 하러 카운터에 직접 갈 수도 있지만 영어권에선 테이블에서 직접 결제를 하는 경우가 더 많아요.

머릿속에서 확장하기

087-1.mp3

1 테이블에서 간단히 말해보세요.

가장 빈번하게 쓰이는

Check, please.

계산서 주세요.

2 '계산서'라는 뜻으로 check 대신 bill을 쓰기도 해요. 그런데 이 bill은 'Bill, please.'의 형태로는 잘 쓰지 않는다는 점을 알아두세요.

의외로 많이 쓰이는

Can I have the bill?

계산서 좀 주세요.

3 직접적으로 check이나 bill이라는 단어를 쓰지 않고도 계산하겠다는 의사를 표현할 수 있죠. 잊지 마세요. 이 표현은 진짜 계산하겠다는 의지뿐만 아니라 이제 식사를 마치고 일어나자는 간접적인 제안까지 나타낸다는 사실을요.

이것까지 알면 자신감 UP!

Where do I pay?

어디서 계산하나요?

STEP 2 손끝으로 집중하기

다음 문장을 소리 내어 읽으면서 가볍게 따라 써보세요.

Check, please.

Can I have the bill?

Where do I pay?

STEP 3 입에서 터트리기

087-2.mp3

앞에서 학습한 표현에 집중하면서 다음 대화를 듣고 실제 상황처럼 말해보세요.

A: Would you like some dessert?
디저트 좀 드실래요?

B: No, thank you. I'm full. Check, please.
아뇨. 고맙지만 배가 불러서요. 계산서 주세요.

A: Yes, sir. Here you are.
네. 여기 있습니다.

B: Well, do you accept a credit card?
아, 그리고 신용카드 받죠?

088

It's on me.

제가 살게요.

식사뿐만 아니라 쇼핑도 마찬가지. 친한 사이라면 한턱낼 수도 있죠. 시원하게 한번 쏠 거라면 말도 시원하게 한번 해봅시다.

STEP 1 머릿속에서 확장하기

088-1.mp3

1 친한 사이에선 이렇게 말해요.

It's on me.

제가 살게요.

2 treat에는 '대접하다, 한턱내다'라는 뜻이 있어요. 그래서 'A에게 B를 대접하다'라고 하려면 treat A to B라고 하면 됩니다. treat B to A로 실수하지 않도록 주의하세요.

의외로 많이 쓰이는

Let me treat you to lunch.

점심 제가 살게요.

3 'Be my guest!' 무슨 뜻일까요? '제 손님이 되어 주세요?' 손님 대접은 어떻게 해야 하지요? 무엇보다 손님 마음을 편하게 해야 하죠. 따라서 '좋으실 대로 하세요.'라는 뜻으로 많이 쓰입니다. 이 말을 식당 등에서 쓴다면 '내가 한턱 쏘겠다.'라는 의미가 되기도 해요.

이것까지 알면 자신감 UP!

Please be my guest.

제가 한턱내겠습니다.

STEP 2 손끝으로 집중하기

다음 문장을 소리 내어 읽으면서 가볍게 따라 써보세요.

It's on me.

Let me treat you to lunch.

Please be my guest.

STEP 3 입에서 터트리기

088-2.mp3

앞에서 학습한 표현에 집중하면서 다음 대화를 듣고 실제 상황처럼 말해보세요.

A: How much is it?
얼마예요?

B: Oh, no, don't worry about it. It's on me.
아니에요. 걱정 마세요. 제가 살게요.

A: Let me pay half.
제가 반 낼게요.

B: No, no, it's quite alright. You bought coffee for me this morning.
아뇨. 정말 괜찮아요. 오늘 아침에 저한테 커피 사주셨잖아요.

089

Let's go Dutch.

각자 내요.

'Let's go Dutch.'에서 Dutch는 '네덜란드식의'라는 뜻이에요. 우리가 흔히 쓰는 Dutch pay는 콩글리시랍니다.

STEP 1 머릿속에서 확장하기

089-1.mp3

1 각자 계산하자고 할 때는 우리가 다 아는 그 표현으로 입을 열어보아요.

가장 빈번하게 쓰이는

Let's go Dutch.

각자 내요.

2 split(쪼개다, 나누다)은 '계산서를 나누다'라는 의미로 사용돼요. 그래서 split the bill이라고 하면 '각자 부담하다'라는 뜻이 됩니다.

의외로 많이 쓰이는

Let's split the bill.

각자 냅시다.

3 fifty-fifty라는 단어는 언뜻 생각하면 쉬운 표현 같지만 그 앞에 어떤 단어를 붙이느냐가 관건이에요. 어려울 것 없어요. 그 앞에 붙는 말은 바로 go예요.

이것까지 알면 자신감 UP!

Let's go fifty-fifty.

반반씩 내요.

STEP 2 손끝으로 집중하기

다음 문장을 소리 내어 읽으면서 가볍게 따라 써보세요.

Let's go Dutch.

Let's split the bill.

Let's go fifty-fifty.

STEP 3 입에서 터트리기

089-2.mp3

앞에서 학습한 표현에 집중하면서 다음 대화를 듣고 실제 상황처럼 말해보세요.

A: That was a great meal.
맛있었어요.

B: Yes, it sure was.
네, 정말 맛있었어요.

A: **Let's go Dutch.**
각자 내요.

B: That's a good idea.
좋은 생각이에요.

090

Cash or credit card?

현금요, 신용카드요?

점점 세상은 스마트해지고 결제 수단 역시 점점 더 다양해지고 있어요. 하지만 아직까지 가장 일반적인 결제 수단은 '현금'과 '신용카드'라는 사실. 계산할 때 이 두 가지만이라도 정확하게 묻고 대답할 수 있으면 1단계는 통과한 셈이죠.

STEP 1 머릿속에서 확장하기

090-1.mp3

1 간단하게 말해보세요.

Cash or credit card?

현금요, 신용카드요?

2 우리나라도 그렇지만 영어권도 크게 다르지 않아요. 너무 직접적인 표현보다는 조금은 형식적인 표현을 곁들여야 조금 더 공손한 표현이 된다고요.

의외로 많이 쓰이는

Will this be cash or credit card?

현금으로 하실래요, 신용카드로 하실래요?

3 편리한 카드 말고 현금으로 계산을 하는 아주 큰 이유 중 하나가 바로 조금이라도 discount(할인)를 받기 위해서 아닐까요? 이 의도를 더 정확하게 표현해볼게요.

이것까지 알면 자신감 UP!

If we pay cash, will we get a discount?

현금으로 하면 할인이 좀 되나요?

STEP 2 손끝으로 집중하기

다음 문장을 소리 내어 읽으면서 가볍게 따라 써보세요.

Cash or credit card?

Will this be cash or credit card?

If we pay cash, will we get a discount?

STEP 3 입에서 터트리기

090-2.mp3

앞에서 학습한 표현에 집중하면서 다음 대화를 듣고 실제 상황처럼 말해보세요.

A: **Cash or credit card?**
현금으로 하실래요, 신용카드로 하실래요?

B: Cash, please.
현금요.

A: Here is your receipt and change, and thank you.
영수증하고 거스름돈이에요. 감사합니다.

B: You're welcome.
천만에요.

Stage Review

앞에서 학습한 표현을 떠올리면서 빈칸에 들어갈 말을 생각해 보세요.

1 근처에 좋은 식당이 있나요?
Is ______ a good restaurant near here?

2 추천하시는 게 뭐가 있나요?
What would you ______ ?

3 스파게티 주세요.
I'd ______ the spaghetti, please.

4 그거 두 개 주세요. (같은 걸로 주세요.)
______ it two, please.

5 다른 걸 먹을래요.
I'll have something ______ .

6 주문한 걸 아직 못 받았어요.
I didn't get my order ______ .

7 건배합시다!
Let's have a ______ !

8 잘 먹었습니다.
I've had ______ .

9 점심 제가 살게요.
Let me ______ you to lunch.

10 각자 냅시다.
Let's ______ the bill.

정답 | 1. there 2. recommend 3. like 4. Make 5. else
6. yet 7. toast 8. enough 9. treat 10. split

STAGE 9
기타 친교
091-100

091

How old do you think I am?

제가 몇 살처럼 보여요?

일반적으로 서양 사람의 나이를 짐작하기가 어렵습니다. 이건 서양인들도 동양인을 볼 때 똑같이 느낀다고 합니다. 그나저나 이번엔 초면에 대뜸 나이를 물어보는 비호감 상대에게 되묻는 표현을 배울 거예요. 이에 상대가 뭐라고 답하든 'Close. (대충 맞아요.)'라고 답하면 돼요. 정확하게 나이를 맞혔다면 'Exactly. (정확해요.)'라고 말해줄 수도 있겠지요.

STEP 1 머릿속에서 확장하기

091-1.mp3

1 기본적으론 이렇게 말하죠.

가장 빈번하게 쓰이는

How old do you think I am?

제가 몇 살처럼 보여요?

2 좀 더 직접적으로는 이렇게도 말합니다.

의외로 많이 쓰이는

How old do I look?

제가 몇 살처럼 보이나요?

3 의문문이 아닌 guess(추측하다)로 문장을 시작할 수도 있는데 이때 문장의 순서에 주의하세요. how old 다음에 「동사+주어」 순서가 아닌 「주어+동사」의 순서라는 점을 잊지 마세요.

이것까지 알면 자신감 UP!

Guess how old I am.

제가 몇 살인지 맞혀보세요.

STEP 2 손끝으로 집중하기

다음 문장을 소리 내어 읽으면서 가볍게 따라 써보세요.

How old do you think I am?

How old do I look?

Guess how old I am.

STEP 3 입에서 터트리기

091-2.mp3

앞에서 학습한 표현에 집중하면서 다음 대화를 듣고 실제 상황처럼 말해보세요.

A: Do you mind if I ask your age?
나이를 좀 여쭤봐도 될까요?

B: No, not at all. **Guess how old I am.**
그럼요. 제가 몇 살인지 맞혀보세요.

A: Mmm... About 25 or so?
음… 25살쯤요?

B: You are wrong. I'm in my thirties.
틀렸어요. 저 30대예요.

092

It's tiresome.

귀찮네요.

영어 단어에 우리말로 정확히 '귀찮다.'와 일치하는 말은 사실 없어요. 그래서 오히려 다양한 표현이 존재할 수 있죠.

STEP 1 머릿속에서 확장하기

092-1.mp3

1 영어로는 내가 귀찮음을 당하는 입장보다는 '~가 나를 귀찮게 하다'의 느낌으로 표현해 주세요.

가장 빈번하게 쓰이는

It's tiresome.

귀찮네요.

2 상대방이 나를 귀찮게 할 때는 이렇게 말해요.

의외로 많이 쓰이는

Stop bothering me.

귀찮게 좀 하지 마세요.

3 그냥 아무 이유 없이 '귀찮아.'라고 말하고 싶을 때는 'feel like ~ (~하고 싶다)'를 활용하여 'I don't feel like it.'을 쓰기도 하고, 위에서 나온 bother를 다음처럼 쓸 수도 있어요.

이것까지 알면 자신감 UP!

I can't be bothered.

다 귀찮아요.

STEP 2 손끝으로 집중하기

다음 문장을 소리 내어 읽으면서 가볍게 따라 써보세요.

It's tiresome.

Stop bothering me.

I can't be bothered.

STEP 3 입에서 터트리기

092-2.mp3

앞에서 학습한 표현에 집중하면서 다음 대화를 듣고 실제 상황처럼 말해보세요.

A: So, wanna go see a movie?
음, 영화 보러 갈래요?

B: **I can't be bothered.**
다 귀찮아요.

A: Jenny will be there!
제니도 올 거래요.

B: I changed my mind.
생각이 바뀌었어요.

093

How can I say this in English?

이걸 영어로 어떻게 말하죠?

보통 수업 시간에 자주 하는 질문이에요. 교실이나 교과서에서 배우는 이런 표현을 밖에선 못 쓸까요? 그런 표현이 진짜 좋은 영어죠. 대화하다가 모르겠으면 물어보세요. 아마 상대방도 더 좋아할 거예요.

STEP 1 머릿속에서 확장하기 093-1.mp3

1 대화하다가 단어가 생각이 안 날 땐 물어보세요.

가장 빈번하게 쓰이는

How can I say this in English?

이걸 영어로 어떻게 말하죠?

2 call은 '전화하다'라는 말 이외에도 '부르다'라는 의미로 쓰는 거 다 아시죠? 이 단어를 이용해서 질문해보세요.

의외로 많이 쓰이는

What's this called in English?

이걸 영어로 뭐라고 부르죠?

3 외국 친구와 처음 함께 다니게 되면 이것저것 묻고 싶지만 입은 잘 안 떨어지죠. 그럴 때 이 표현을 아주 많이 쓰게 될 거예요.

이것까지 알면 자신감 UP!

What do you call this in English?

이걸 영어로 뭐라고 해요?

STEP 2 손끝으로 집중하기

다음 문장을 소리 내어 읽으면서 가볍게 따라 써보세요.

How can I say this in English?

What's this called in English?

What do you call this in English?

STEP 3 입에서 터트리기

093-2.mp3

앞에서 학습한 표현에 집중하면서 다음 대화를 듣고 실제 상황처럼 말해보세요.

A: **What's this called in English?** It looks like a star.
이것을 영어로 뭐라고 부르죠? 꼭 별처럼 생겼네요.

B: Yes, it's a starfish.
네. 불가사리예요.

A: What's this next to the starfish?
불가사리 옆에 있는 이것은 뭐예요?

B: It's a turtle.
거북이에요.

094

Can you explain one more time?

한 번만 더 설명해주시겠어요?

영어로 대화할 때 잘 이해가 안 되면 다시 설명을 부탁하면 돼요. 그럴 때 이렇게 말해보세요.

STEP 1 머릿속에서 확장하기

094-1.mp3

1 다시 한번 더 설명해달라는 요청은 이렇게 말해요.

가장 빈번하게 쓰이는

Can you explain one more time?

한 번만 더 설명해주시겠어요?

2 수업 시간에 선생님들이 주로 쓰는 '(Can you) be more ~?'라는 표현은 학생들의 부족한 면을 지적할 때 사용하는 패턴이에요. more 다음에는 말하고 싶은 형용사를 넣어주면 돼요.

의외로 많이 쓰이는

Be more specific, please.

좀 더 자세히 말해주세요.

3 공식적인 자리에서 전반적인 것 말고 좀 더 구체적인 사항을 알고 싶을 때 쓰는 표현이에요.

이것까지 알면 자신감 UP!

Could you be more specific?

더 구체적으로 말씀해주시겠어요?

STEP 2 손끝으로 집중하기

다음 문장을 소리 내어 읽으면서 가볍게 따라 써보세요.

Can you explain one more time?

Be more specific, please.

Could you be more specific?

STEP 3 입에서 터트리기

094-2.mp3

앞에서 학습한 표현에 집중하면서 다음 대화를 듣고 실제 상황처럼 말해보세요.

A: What's Bulgogi?
불고기가 뭐예요?

B: It's one of the most popular Korean dishes. Do you want to try it?
가장 인기 있는 한국 음식 중 하나예요. 드셔보실래요?

A: Yes, but **could you be more specific?**
네, 근데 좀 더 구체적으로 말씀해주시겠어요?

B: Bulgogi is Korean style barbecued beef.
불고기는 한국식 바비큐 소고기랍니다.

095

You're very fashionable.

정말 멋지네요.

단순히 '좋아 보인다.'가 아니라 구체적으로 칭찬을 좀 해볼까요? '옷을 잘 입었다.'라거나 '잘 어울린다.'라는 말은 어떻게 하면 좋은지 알아봅시다.

STEP 1 머릿속에서 확장하기

095-1.mp3

1 '옷 잘 입는'을 가장 간단하면서 정확하게 전달할 수 있는 단어는 바로 fashionable이에요.

가장 빈번하게 쓰이는

You're very fashionable.
정말 멋지네요.

2 fashionable이 일반적인 칭찬이라면 stylish는 좀 더 전문적인(?) 칭찬이라 볼 수 있어요. 상대방이 한껏 멋을 부린 상태라면, 혹은 상대방이 이미 옷 입는 것에 많이 신경 쓰고 있다는 것을 알고 있다면 이렇게 말해보세요.

의외로 많이 쓰이는

You're very stylish.
옷이 너무 멋지네요.

3 '패션 감각이 있다'라고 하려면 have an eye for fashion이나 have a good sense of style이라고 하면 돼요. 이 두 표현에 공통적인 동사는 바로 have라는 걸 잊지 마세요.

이것까지 알면 자신감 UP!

You have an eye for fashion.
옷에 대한 감각이 있으시네요.

STEP 2 손끝으로 집중하기

다음 문장을 소리 내어 읽으면서 가볍게 따라 써보세요.

You're very fashionable.

You're very stylish.

You have an eye for fashion.

STEP 3 입에서 터트리기

095-2.mp3

앞에서 학습한 표현에 집중하면서 다음 대화를 듣고 실제 상황처럼 말해보세요.

A: Look at Jane! The accessories go well with her dress.
제인 좀 보세요! 액세서리가 옷하고 참 잘 어울려요.

B: Yes, she always looks great.
네. 그녀는 언제나 근사하죠.

A: **She has an eye for fashion.**
패션에 대한 안목이 있는 것 같아요.

B: I think so, too.
저도 그렇게 생각해요.

096

What kind of books do you like to read?

어떤 책 좋아하세요?

무엇을 좋아하는지 물어보는 건 상대방에게 관심을 가지고 있다는 증거죠. 그러면서도 무례하지 않게 질문할 수 있는 주제가 바로 책이에요.

STEP 1 머릿속에서 확장하기 096-1.mp3

1 여기저기 많이 쓰이는 what kind of를 이용해 물어보세요.

가장 빈번하게 쓰이는

What kind of books do you like to read?

어떤 책 좋아하세요?

2 똑같은 내용이지만 훨씬 더 영어다운 질문을 알려드릴게요. 'I'm into you. (난 너한테 빠져 있어.)'라는 좀 낯간지러운 표현에도 쓰이는데요. 어디에 관심이 있는지 물을 때도 into를 써요.

의외로 많이 쓰이는

What kind of books are you into?

요즘 무슨 책 보세요?

3 좀 더 구체적으로 좋아하는 작가까지 물어본다면 상대방에게 한 걸음 더 가까이 갈 수 있어요. 단, 책이나 그 작가에 대해 잘 모를 때는 좀 더 어색해질 수 있겠죠?

이것까지 알면 자신감 UP!

Who is your favorite author?

제일 좋아하는 작가가 누구예요?

STEP 2 손끝으로 집중하기

다음 문장을 소리 내어 읽으면서 가볍게 따라 써보세요.

What kind of books do you like to read?

What kind of books are you into?

Who is your favorite author?

STEP 3 입에서 터트리기

096-2.mp3

앞에서 학습한 표현에 집중하면서 다음 대화를 듣고 실제 상황처럼 말해보세요.

A: What kind of books do you like to read?
어떤 책 좋아하세요?

B: I normally read novels. How about you?
저는 소설을 주로 읽어요. 당신은요?

A: Me, too! Especially written by Mr. Bauer.
저도요! 바우어 씨 작품을 특히 좋아해요.

B: Same here. We have a lot in common.
저도요. 우린 공통점이 많네요.

097

Do you have a girlfriend/boyfriend?

여자친구/남자친구 있어요?

boyfriend나 girlfriend라는 말에는 단순한 '친구' 이상 '애인'이란 뜻이 있어서, '우리는 단순한 친구 사이예요.'라고 할 때는 boy나 girl을 떼어낸 friend만 쓴답니다. 단순한 친구일 땐 'We're just friends.'라고 해요.

STEP 1 머릿속에서 확장하기

097-1.mp3

1 관심이 가는 상대가 있을 땐 일단 사귀는 사람이 있는지가 제일 중요하죠.

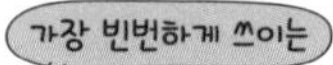

Do you have a girlfriend/boyfriend?

여자친구/남자친구 있어요? (사귀는 사람이 있어요?)

2 date는 흔히 명사로 '날짜' 또는 '(이성 간의) 데이트', '데이트 상대'란 뜻으로 쓰이며, 동사로 쓰일 경우 '~와 사귀다', '~와 데이트를 하다'의 뜻이에요. 즉 '~와'의 의미가 들어 있어 전치사 with가 필요 없다는 점을 꼭 기억해두세요. 그리고 date 대신에 see를 써서 'Are you seeing someone?'이라고 물어도 됩니다.

의외로 많이 쓰이는

Are you dating someone?

만나는 사람 있어요?

3 좀 넌지시 묻고 싶을 때는 이렇게 말하는 게 더 좋겠네요.

이것까지 알면 자신감 UP!

Do you have anyone in mind?

마음에 두고 있는 사람 있나요?

STEP 2 손끝으로 집중하기

다음 문장을 소리 내어 읽으면서 가볍게 따라 써보세요.

Do you have a girlfriend/boyfriend?

Are you dating someone?

Do you have anyone in mind?

STEP 3 입에서 터트리기

097-2.mp3

앞에서 학습한 표현에 집중하면서 다음 대화를 듣고 실제 상황처럼 말해보세요.

A: My parents want me to get married by this year.
우리 부모님은 올해 안에 내가 결혼했으면 하세요.

B: **Do you have anyone in mind?**
마음에 두고 있는 사람 있어요?

A: No, I don't even have a boyfriend.
아뇨. 심지어 남자친구도 없어요.

B: It seems a little rush.
너무 급한 거 같네요.

098

You mean so much to me.

당신은 정말 소중해요.

상대방에게 할 수 있는 좀 더 친밀하고 애정 어린 표현으로 들어가 볼게요.

머릿속에서 확장하기

098-1.mp3

1 로맨틱한 영화 대사에도 많이 등장하는 말이죠.

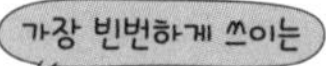

You mean so much to me.

당신은 정말 소중해요.

2 우리는 칭찬에 많이 인색한 반면 영어권 친구들은 이런 칭찬을 하고 듣는 것을 절대 마다하지 않아요.

의외로 많이 쓰이는

You are absolutely wonderful.

당신은 정말 대단해요.

3 단순한 친구가 아닌 애인으로 관계를 발전시키고 싶거나 이미 진행 중이라면 이런 표현도 한번 써보는 건 어떨까요?

이것까지 알면 자신감 UP!

I'm very lucky to be your sweetheart.

당신의 애인이 된 것은 정말 행운이에요.

STEP 2 손끝으로 집중하기

다음 문장을 소리 내어 읽으면서 가볍게 따라 써보세요.

You mean so much to me.

You are absolutely wonderful.

I'm very lucky to be your sweetheart.

STEP 3 입에서 터트리기

098-2.mp3

앞에서 학습한 표현에 집중하면서 다음 대화를 듣고 실제 상황처럼 말해보세요.

A: Hannah, I want to tell you something.
한나 씨, 할 이야기가 있어요.

B: What's that? Tell me.
뭐죠? 얘기해봐요.

A: You… **you mean so much to me.**
당신은… 당신은 내게 정말 소중한 존재예요.

B: Don't joke around.
농담하지 마세요.

099

We're old friends.

우리는 죽마고우입니다.

죽마고우? 우리말로도 어려운 표현이죠. 아니, 엄밀히 말하면 사자성어인데 이렇게 어려운 표현을 그대로 영어로 옮기는 것은 너무 힘들어요. 하지만 분명 영어식 표현이 있다는 걸 이제 다 눈치채셨을 거예요.

STEP 1 머릿속에서 확장하기

099-1.mp3

1 '죽마고우'의 의미는? '오래된 친구'라는 거겠죠? 일단 그것만 제대로 전달해봐요.

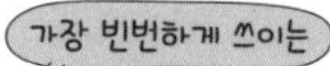

We're old friends.

우린 죽마고우입니다. (우린 오랜 친구예요.)

2 old가 아무래도 조금 부족하다는 느낌이 든다면 조금 더 구체적으로 표현을 해볼게요.

의외로 많이 쓰이는

We are friends from childhood.

우린 어렸을 때부터 친구였어요.

3 '죽마고우'란 아주 오래전부터 지지고 볶던 사이임을 말하는 거잖아요. 이 의미와 가장 유사한 '과거로 거슬러 올라간다'라는 의미의 영어 표현이 있어요. 이보다 더 간단하게 'We go way back.'이라고도 할 수 있어요.

이것까지 알면 자신감 UP!

We go back a long way.

우리는 하루 이틀 알고 지낸 사이가 아닙니다.

STEP 2 손끝으로 집중하기

다음 문장을 소리 내어 읽으면서 가볍게 따라 써보세요.

We're old friends.

We are friends from childhood.

We go back a long way.

STEP 3 입에서 터트리기

099-2.mp3

앞에서 학습한 표현에 집중하면서 다음 대화를 듣고 실제 상황처럼 말해보세요.

A: What, you guys know each other?
아니, 서로 아는 사이였어요?

B: We are old friends.
우린 오랜 친구예요.

A: I didn't realize you knew each other.
아는 사인 줄 몰랐어요.

B: We have known each other well since childhood.
어렸을 때부터 서로 아주 잘 아는 사이랍니다.

100

I will study English diligently.

영어 공부를 부지런히 할 거예요.

영어를 공부할 땐 단어가 중요하지 않다고 얘기한다면 절대 믿지 마세요. 배운 표현을 부지런히 익히면서 조금씩이라도 단어는 꼭 익혀 나가셔야 해요.

STEP 1 머릿속에서 확장하기

100-1.mp3

1 '열심히' 하면 보통 hard를 떠올리는데요. diligently(부지런히)를 써도 의미가 통해요.

가장 빈번하게 쓰이는

I will study English diligently.

영어 공부를 부지런히 할 거예요.

2 '계속하다'라는 의미의 continue를 will 다음에 쓰면 자신의 의지를 더욱 강하게 표현할 수 있어요.

의외로 많이 쓰이는

I will continue to study English hard.

영어 공부를 계속 열심히 할 거예요.

3 이 책의 마지막 잔소리. '영어 공부'라는 말에 꼭 '영어'가 들어갈 필요가 없다는 사실. 모든 우리말을 영어로 옮기려고 너무 노력하지 말 것!

이것까지 알면 자신감 UP!

I will keep working hard.

계속 노력할 거예요.

STEP 2 손끝으로 집중하기

다음 문장을 소리 내어 읽으면서 가볍게 따라 써보세요.

I will study English diligently.

I will continue to study English hard.

I will keep working hard.

STEP 3 입에서 터트리기

100-2.mp3

앞에서 학습한 표현에 집중하면서 다음 대화를 듣고 실제 상황처럼 말해보세요.

A: My English has improved a lot.
제 영어 실력이 일취월장했어요.

B: Definitely. You did so well.
맞아요. 아주 잘 해내셨어요.

A: **I will keep working hard.**
계속 열심히 할 거예요.

B: Yes, let's go for it.
네, 파이팅입니다!

Stage Review

앞에서 학습한 표현을 떠올리면서 빈칸에 들어갈 말을 생각해 보세요.

1. 제가 몇 살처럼 보이나요?
   How ____ do I look?

2. 귀찮게 좀 하지 마세요.
   Stop ____ me.

3. 이걸 영어로 뭐라고 해요?
   What do you ____ this in English?

4. 한 번만 더 설명해주시겠어요?
   Can you ____ one more time?

5. 옷에 대한 감각이 있으시네요.
   You have an ____ for fashion.

6. 제일 좋아하는 작가가 누구예요?
   Who is your ____ author?

7. 마음에 두고 있는 사람 있나요?
   Do you have anyone in ____ ?

8. 당신은 정말 소중해요.
   You ____ so much to me.

9. 우리는 하루 이틀 알고 지낸 사이가 아닙니다.
   We go ____ a long way.

10. 계속 노력할 거예요.
    I will ____ working hard.

정답 | 1. old 2. bothering 3. call 4. explain 5. eye
6. favorite 7. mind 8. mean 9. back 10. keep